Marco Cattaneo

Sfidare il cielo

Le 24 partite che hanno fatto la storia

Illustrazioni di Piero Macola

Rizzoli

Pubblicato per
Rizzoli
da Mondadori Libri S.p.A.

Prima edizione: maggio 2020

Written by Marco Cattaneo

A story by Book on a Tree
www.bookonatree.com

Le illustrazioni di Piero Macola sono pubblicate
in accordo con Amaca Agency, Parigi

ISBN 978-88-17-14674-6

Progetto grafico: Chiara Collinassi / studio pym
Impaginazione e redazione: studio pym / Milano

Queste storie non esisterebbero senza Marco Menozzi che,
in un giorno d'estate di quelli che non ti aspetti,
ha trasformato l'afa in autentica magia.

INTRODUZIONE

Mi piacerebbe che tra centocinquant'anni qualcuno scrivesse il seguito di questo libro intrecciando, un po' come ho provato a fare io, le più importanti partite di calcio e i principali fatti storici del prossimo secolo e mezzo. Cioè – detto così fa più impressione – da oggi fino al 2170!

Per scrivere le pagine che state per leggere, ho dovuto documentarmi, districarmi tra tante fonti, a volte carenti, a volte contraddittorie (soprattutto quelle relative alle primissime partite). E studiando e leggendo ho imparato una cosa importante: il calcio e la storia sono legati più di quanto, forse, crediamo tutti.

Perché, se spesso è stata la storia a cambiare il calcio, a volte è stato il calcio a cambiare la storia.

Se una scrittrice o uno scrittore deciderà di pubblicare questa sorta di secondo volume di *Sfidare il cielo*, spero, tuttavia, che non dovrà parlare di partite legate a guerre: qui ce ne sono tante, perché il Novecento è stato il secolo dei due conflitti mondiali, e non solo.

Invece sarebbe bello se potesse raccontare almeno una partita tra una squadra femminile e una maschile, entrambe professioniste, e testimoniare così una nuova vittoria delle donne nella lotta per l'uguaglianza di genere.

Poi, volando un po' con la fantasia, mi piacerebbe trovare una sfida interplanetaria. Del resto, chi nel 1870 avrebbe potuto immaginarsi il mondo in cui viviamo oggi?

Prima o poi, ne sono certo, ci sarà anche da raccontare di tifosi che vanno allo stadio solo con mezzi elettrici, in bicicletta o a piedi; di come, cioè, l'umanità avrà vinto la sfida ambientale, rimediando ai propri errori passati. E si racconteranno altre rivoluzioni appassionate, quelle belle, colorate, guidate da voi ragazzi e dai vostri sogni.

Ma mi piacerebbe soprattutto che chi scriverà fra un secolo e mezzo – magari lo farà con il pensiero, e i libri saranno microchip da inserire sotto le palpebre! – possa parlare ancora ai giovani lettori di inclusione, solidarietà, senso civico... insomma, di tutti quei valori che si ritrovano nello sport quando ci si sfida con rispetto.

Perché è da qui che si riparte, è inevitabile.

Alla base di quelle pagine non potrà non esserci l'amore per il calcio e la curiosità, una curiosità quasi maniacale, per tutto ciò che gli ruota intorno, gli stessi che mi hanno guidato nel racconto di queste ventiquattro sfide al cielo, insieme a quel pizzico di fantasia che ogni tanto troverete sparso qua e là, nelle vite di persone comuni che ho immaginato sullo sfondo della grande storia.

Mentre scrivo queste righe, e siamo a marzo del 2020, il campionato di calcio è fermo in seguito alla drammatica emergenza sanitaria che tutto il pianeta sta vivendo.

Un'altra prova di quanto sostenevo: il calcio e la storia – intesa in senso ampio, come la realtà nella quale viviamo – sono profondamente connessi l'uno con l'altra.

Ecco perché è impossibile ragionare di uno dei due trascurando l'altro: è il calcio che racconta la storia ed è la storia che racconta il calcio.

Perciò, se dovessi esprimere un ultimo desiderio su come mi piacerebbe che fosse questo libro del futuro, vorrei che il primo capitolo si intitolasse così: *La squadra più forte*. Che siamo noi, tutti quanti insieme, con le stesse magliette e contro lo stesso avversario.

1

UNO SPORT PER TUTTI

30 NOVEMBRE 1872
SCOZIA vs. INGHILTERRA

Michela allenava la squadra di calcio femminile da ormai quindici anni.

Era stata dura, all'inizio. Il primo anno si erano iscritte appena sei ragazze, e due avevano mollato a metà stagione. Perché il calcio è solo per i maschi: così pensavano in tanti, allora, soprattutto tra i genitori. Ma Michela era convinta del contrario, e voleva dimostrare che si sbagliavano. Il calcio è uno sport per tutti, e lei e le sue giocatrici lo avrebbero provato.

Fortunatamente, col passare del tempo, la situazione era migliorata. Un po' con il passaparola tra le ragazze a scuola, un po' grazie all'incredibile successo dei Campionati Mondiali femminili. Proprio come quelli che si erano tenuti pochi mesi prima, nell'estate del 2019, in Francia: stadi sempre pieni, partite trasmesse in tutto il mondo, milioni e milioni di tifosi e spettatori seduti davanti alla tv... Così ora Michela allenava più di cento ragazze, di età e categorie diverse.

E tra loro c'era Espelancia. Dodici anni, i capelli lisci, i più neri che avesse mai visto, e un sorriso contagioso. Abitava lungo la strada che Michela percorreva per tornare a casa dal campo, perciò, ogni volta che ne aveva bisogno, la riaccompagnava alla fine dell'allenamento. E in quei venti minuti che servivano a uscire dal centro della città, mentre attraversavano i grandi viali che portavano in periferia, le due chiacchieravano un sacco: della scuola, delle amicizie, naturalmente di calcio, la grande passione di entrambe... e ogni tanto anche di Osvaldo Populizio, il professore di storia.

Osvaldo era l'insegnante preferito di Espelancia. Il motivo? Innanzitutto era riuscito con il suo entusiasmo a farle amare una materia che fino a poco tempo prima trovava noiosa e inutile. E poi l'aveva sempre incoraggiata e apprezzata per la sua decisione di giocare a calcio, scelta comunque ancora poco comune tra le ragazze. Che nervoso, quando qualcuno le diceva di dedicarsi a uno sport più femminile, come capitava spesso! Ma la cosa più bella di tutte è che, secondo il prof Populizio, anche la storia del calcio era importante: conoscerla significava conoscere molto altro, del mondo e della vita.

«Sai che cosa mi ha chiesto oggi Populizio, durante l'interrogazione?» disse Espelancia guardando oltre il finestrino, verso la strada buia bagnata dalla pioggia.

Michela alzò un sopracciglio, curiosa, senza spostare gli occhi dalla strada. «Che cosa?»

«Di spiegargli perché la nazionale italiana di calcio ha quasi sempre puntato sulla difesa e sul contropiede.»

La donna fece un fischio di approvazione. «Wow… e tu?»

Espelancia scrollò le spalle. «Be', gli ho detto che secondo me è stata una scelta dovuta alle caratteristiche dei nostri giocatori: ne abbiamo sempre avuti di velocissimi, e allora abbiamo sfruttato questo vantaggio.»

Michela rallentò a un incrocio. «Ma lui non era d'accordo, scommetto» ribatté.

La ragazza ridacchiò. «Già. Ha schioccato la lingua, proprio così.» E imitò un suono tipo *tsk*. «Poi mi ha detto che è la storia che ci ha insegnato a difenderci: l'Italia è stata invasa, occupata, dominata… dagli austriaci, dagli spagnoli, dai francesi. Insomma, siamo stati costretti ad arretrare dentro la nostra area di rigore, ma poi abbiamo trovato la forza e l'unità per reagire, e abbiamo preso gli avversari in contropiede. Qualcosa del genere, ecco.»

Michela annuì, gli occhi sempre puntati davanti a sé per evitare le insidie del traffico serale sotto la pioggia.

«Ha perfettamente ragione!» esclamò. «Tutti i grandi momenti della storia dello sport sono in qualche modo legati all'epoca in cui sono avvenuti. A volte ne sono stati semplicemente il riflesso, ma spesso sono stati proprio quei momenti a condizionare o addirittura a cambiare il corso della storia.»

Gli occhi di Espelancia brillavano. «Ad esempio?»

Michela si sistemò un ricciolo dietro l'orecchio e, mentre il tergicristallo scandiva lo scorrere del tempo, cominciò a raccontare, dal principio.

Iniziò spiegandole che la prima partita della storia tra due nazionali di calcio si era giocata nel 1872, per la precisione tra Scozia e Inghilterra. Erano anni di relativa pace, quelli, almeno in Europa: invece che combattere tra di loro, gli eserciti europei imbracciavano i fucili all'estero, soprattutto in Africa. Anche se bisognava mettersi d'accordo su come dividersi quelle terre: Gran Bretagna, Germania, Francia, Portogallo, Spagna, Belgio e Italia sgomitavano tra loro per potersi accaparrare il continente e le sue preziose materie prime.

«Davvero? A quel tempo il calcio esisteva già?» la interruppe Espelancia, incapace di trattenere lo stupore.

Michela sorrise, e proseguì.

Il calcio c'era eccome, a inventarlo ci avevano pensato gli inglesi. Già nel Seicento gli studenti dei college e delle università oltremanica si sfidavano lanciando la palla con i piedi. E poiché le classi erano composte generalmente da dieci ragazzi, ai quali quasi sempre si aggiungeva il maestro (giustamente voleva divertirsi anche lui, e spesso faceva il portiere!), ecco che il numero dei giocatori per squadra era stato stabilito. A questi primi tentativi erano seguiti un paio di centinaia di anni di prove ed esperimenti vari – ci era voluto un po', per esempio, per stabilire se si potessero usare pure le mani, o solo i piedi! – fino a che, nel 1863, in Inghilterra era stata fondata la Football Association, la federazione calcistica più antica del mondo.

Però sarebbe stato Charles Alcock, un uomo elegante con dei lunghi baffoni bianchi che si dilettava nel gioco del calcio, ad avere l'idea destinata a cambiare la storia di questo sport: riunire i migliori giocatori di ogni nazione, facendoli sfidare tra loro. Così organizzò una partita amichevole radunando alcuni giocatori inglesi e scozzesi che vivevano nell'area di

Londra, e facendoli giocare gli uni contro gli altri nell'impianto che all'epoca si usava per il cricket: l'Oval. La partita però non venne ufficialmente riconosciuta, e poi gli scozzesi protestarono perché i loro atleti più forti giocavano in patria, mica a Londra.

«E così invitarono gli inglesi a casa loro...»

«Scommetto che ci andarono!» la interruppe di nuovo Espelancia. Il sorriso enorme della ragazza illuminò l'abitacolo beige dall'auto di Michela, che annuì: «Esatto. Per la precisione la partita si svolse il 30 novembre 1872, giorno in cui si festeggiava anche Sant'Andrea, il patrono di Scozia».

L'incontro si tenne a Glasgow, davanti a tremila persone che si godettero poco lo spettacolo per via di un nebbione spaventoso: era così fitto che si faticava a riconoscere i giocatori! All'epoca gli scozzesi non avevano idea di come mettere insieme una nazionale vera e propria, così avevano portato in campo in loro rappresentanza una squadra già esistente: il Queen's Park FC di Glasgow. Gli inglesi, al contrario, si erano impegnati molto e avevano selezionato i propri calciatori tra ben nove club diversi. Questo però poteva rappresentare uno svantaggio: mentre i giocatori scozzesi erano abituati a giocare insieme, quelli inglesi non lo avevano mai fatto prima, non si conoscevano nemmeno. Quindi entrambe le nazionali possedevano punti di forza e di debolezza: si prospettava uno scontro molto interessante!

Michela continuava a raccontare. «Quel giorno Charles non poté giocare perché era infortunato, altrimenti nessuno gli avrebbe impedito di scendere in campo e dare del filo da torcere agli scozzesi. Però pensò di dare una mano all'arbitro, tale William Keay, che lavorava per il club scozzese.»

«Come sarebbe?» sbottò Espelancia. «Così non vale!» protestò ricordando le discussioni infinite con le compagne quando, a fine allenamento, facevano una partitella tra loro. C'era sempre il rischio che chi arbitrava fosse di parte. E spesso in effetti lo era, specialmente Roberta, che dava un sacco di punizioni in favore delle sue amiche, Stefania e Giorgia, anche se non lo ammetteva mai.

L'allenatrice ridacchiò, tamburellando con i polpastrelli sul volante.

«A quei tempi nessuno faceva polemica in campo, soprattutto perché le regole erano ancora tutte, o quasi, da stabilire. Per esempio, per fare la porta quel giorno legarono un nastro di stoffa a due pali a circa due metri e mezzo d'altezza, realizzando una sorta di traversa. E anche gli schieramenti delle squadre oggi sembrerebbero assurdi. La Scozia giocò con due difensori, altrettanti centrocampisti e ben sei attaccanti. Ma l'Inghilterra non fu da meno, con un solo difensore, due centrocampisti e addirittura sette attaccanti!»

Espelancia sussultò sul sedile. «Ma non è possibile! Sarà finita 7-3, 12-9... o 8 pari?»

Michela le lanciò un'occhiata, sempre più divertita dalle reazioni della ragazza.

In realtà, incredibilmente, quella partita si concluse con uno 0-0. Anche se non fu il risultato la cosa più sorprendente: il portiere e l'attaccante dell'Inghilterra a un certo punto si scambiarono di ruolo; e poi William Keay annullò ben due reti degli scozzesi perché il pallone era finito contro il nastro che fungeva da traversa tranciandolo di netto! Ma nessuno protestò. Anzi, al fischio finale gli spettatori si alzarono in piedi ad applaudire: ormai la passione per il calcio era esplosa, e sarebbe diventata inarrestabile!

Qualche anno dopo, le federazioni britanniche si sarebbero finalmente messe d'accordo sulle regole del calcio, costituendo l'International Football Association Board: ancora oggi l'unico, vero custode del regolamento di questo sport.

L'auto si fermò davanti al palazzo dove abitava Espelancia.

La ragazzina fissò l'allenatrice, con un'aria un po' confusa. «Ma quindi che collegamento c'è tra quella prima partita tra nazionali e la storia?» si mordicchiò le labbra. «Mi sa che mi sono persa...»

«Devi sapere che proprio in quegli anni, mentre nascevano le prime squadre nazionali di calcio e si giocavano le prime partite, in Europa si stavano formando anche molte delle nazioni così come le conosciamo oggi, o quasi: in Francia, per esempio, nacque la cosiddetta "Terza Repubblica", in Italia nel 1870 ci fu la famosa "breccia di Porta Pia", con la quale anche lo Stato Pontificio e la città di Roma, che poi sarebbe diventata capitale, vennero annessi all'Italia unita... E, in tutta Europa, si costituivano i primi partiti e i movimenti politici.»

Michela rimase un momento in silenzio, fissando la via oltre il parabrezza, i lampioni accesi, un passante che sfrecciava in bicicletta sull'asfalto bagnato. Poi tornò a guardare Espelancia, i suoi capelli neri e il suo meraviglioso sorriso, e proseguì: «In un certo senso, le nazioni europee sono nate insieme allo sport del calcio. Del resto, anche nel Novecento e ancora oggi, le strade del calcio e della storia si sono intrecciate o hanno corso parallele. E non solo quelle che ne coinvolgevano i grandi protagonisti: il calcio ha unito e unisce spesso storie individuali, di persone comuni. Proprio come è successo a noi due: è il calcio che ci ha fatte incontrare».

Espelancia annuì, adesso le era chiaro ciò che intendeva Michela.

«E ora vai, che domani c'è scuola e prima, in spogliatoio, ho sentito che non hai ancora finito tutti i compiti...»

La ragazzina sbuffò, mentre apriva la portiera dell'auto e usciva. Prima di richiudersela alle spalle, salutò l'allenatrice curvandosi un po'. Poi prese coraggio e aggiunse, facendo l'occhiolino: «Pensavo... magari le presento il professor Populizio. È single, e avreste un sacco di cose da raccontarvi».

E dall'espressione che apparve sul volto di Michela, ebbe il sospetto che lei ci avesse già pensato. Eccome.

2

L'INIZIO DELLA LEGGENDA

8 MAGGIO 1898

INTERNAZIONALE TORINO vs. GENOA

MILANO
TORINO

«Se solo avessimo una radio...» bisbigliò uno dei soldati accampati in piazza del Duomo.

«Tanto lo vince l'Internazionale Torino, il campionato!» replicò una voce dal fondo della tenda.

Qualcuno fece il gesto di alzare la baionetta.

«Noi pensiamo a salvare la pelle, intanto» intervenne un altro tirandogliela subito giù. «Dopo di che, per quanto mi riguarda, il campionato lo può vincere chiunque!»

Era l'8 maggio del 1898, e Milano era in rivolta.

Gli scontri tra i cittadini e le forze dell'ordine duravano ormai da qualche giorno. Eppure centocinquanta chilometri più a ovest, a Torino, quello stesso giorno si assegnava il trofeo del primo campionato della storia del calcio italiano.

«Almeno fossimo stati a Torino...»

«Già, e magari a giocare a calcio!» aggiunse quello con la baionetta, mimando un colpo di testa diretto all'incrocio della tenda.

Era un periodo durissimo, quello. L'Italia era in piena recessione, che significa che l'economia andava male, per non dire a rotoli. Per questo alcuni, fortunati e armati di tanto coraggio, se ne andavano nelle Americhe sperando in un futuro migliore. Chi restava, invece, sopravviveva a malapena, perché faticava a trovare cibo e lavoro.

«Guarda che poteva andarci peggio!» esclamò un altro soldato.

«Tipo? Essere spediti in una colonia africana?» gli domandò uno dalla testa pelata. «Non serve andare così lontano! Hai saputo che cos'è successo in Emilia Romagna? E in Sicilia, e nelle Puglie? Ci sono proteste dappertutto. E chissà quanti morti...»

«Be', la scorsa settimana a Molfetta l'esercito ha sparato sulla folla e sono rimaste uccise sette persone. In provincia di Ravenna ci sono state sei vittime, invece» disse quello con la baionetta, scuotendo la testa. «La gente è inferocita...»

L'atmosfera d'improvviso si era fatta di nuovo cupa.

«Scommettiamo che il campionato lo vince il Genoa? Ci gioca Leaver, che è fortissimo!» disse il soldato pelato, cercando di riportare la conversazione su argomenti più allegri.

«Leaver? Mai sentito» sbuffò uno vicino a lui.

Il pelato lo fulminò con un'occhiataccia: «Norman Victor Leaver, ala sinistra. Almeno sai cos'è un'ala?» domandò minacciosamente.

«Di gallina?» disse l'altro cercando di divertire la truppa, ma senza ottenere più di un mezzo sorrisetto.

C'era poco da fare: l'aria era pesante tra i soldati agli ordini di Fiorenzo Bava Beccaris, nominato "comandante delle truppe cittadine milanesi" in vista delle manifestazioni organizzate in città per protestare contro le difficili condizioni di lavoro e l'aumento dei prezzi del pane. A Pavia e a Monza, a pochi chilometri di distanza, la rivolta aveva già fatto delle vittime tra civili e militari, perciò a Milano era stato dichiarato lo stato d'assedio. In pratica gli abitanti erano stati invitati a rimanere chiusi in casa. E a difendere la città erano stati schierati più di quattromila uomini, compresi quelli che si distraevano parlando di calcio. Tutti accampati in piazza del Duomo, il quartiere generale delle truppe.

Per fortuna, nello stesso periodo nasceva anche qualcosa che avrebbe cambiato in meglio, e la cambia ancora oggi, la vita di molti italiani. Di quelli che non si perdono mai una partita in tv o che passano le domeniche allo stadio, che si mangiano le unghie quando viene assegnato un calcio di rigore, che saltano sul divano quando la squadra del cuore segna un gol o vince lo scudetto, e che si divertono a completare l'album delle figurine dei calciatori... insomma, lo avete capito: il campionato di calcio!

Tutto era iniziato undici anni prima, nel 1887, quando un ragazzo torinese di nome Edoardo Bosio era tornato dall'Inghilterra con gli occhi chiari che luccicavano di gioia e la mente piena di idee e progetti.

«Non avete idea di cosa ho visto!» diceva a chiunque incontrasse. Poi raccontava di essere stato a Londra per lavoro (faceva il rappresentante per un'azienda tessile) e di avere scoperto uno sport meraviglioso. Qualcosa di unico proprio. Gli inglesi lo chiamavano *football*, termine che unisce due parole: "foot", cioè piede, e "ball", ovvero palla.

Edoardo infatti aveva un chiodo fisso in testa: far conoscere questo sport anche in Italia. Ma come? Senza dubbio occorreva fondare una federazione per regolamentare le attività, ma prima di tutto era necessario che, un po' alla volta, nascessero delle squadre. Edoardo già le immaginava sfidarsi in giro per l'Italia, in un vero e proprio campionato come quello che esisteva già in Inghilterra. Proprio così, Edoardo era uno che sogna in grande: partite, punteggi, una coppa per la formazione vincitrice.

«Puoi contare sul nostro aiuto!» si offrirono esultanti alcuni suoi colleghi inglesi che lavoravano a Torino. E furono loro stessi i primi a fondare una squadra, che si sarebbe chiamata Torino Football & Cricket Club. Venne scelto il colore delle camicie (avete capito bene, mica si giocava in maglietta ai tempi!): rossonere a righe verticali con il colletto bianco. Poi calzoni lunghi e berretto in testa. Per l'epoca queste divise erano decisamente eleganti.

Insomma, il seme del calcio in Italia stava iniziando a germogliare. Perciò ricordate che, se nel fine settimana gioite o vi disperate per un gol della vostra squadra del cuore, il merito è anche di Edoardo Bosio!

Nel capoluogo piemontese, nacquero in breve tempo altre due squadre: l'Internazionale di Torino (nel 1891) e la Società Ginnastica di Torino (1897).

Nel 1893, il medico inglese James Spensley, trasferitosi nel nostro Paese per lavorare al porto di Genova, fondò invece il Genoa Cricket and Athletic Club. Infatti James era follemente innamorato del calcio, e gli sembrava assurdo che in pochissimi in Italia lo praticassero. Decise che avrebbe fatto il possibile per far appassionare i genovesi. E ci riuscì.

Così, con quattro club all'attivo, il 26 marzo del 1898 fu costituita la Federazione italiana del Football.

E ben presto ci furono abbastanza squadre per organizzare il primo campionato italiano della storia. Queste squadre erano l'Internazionale di Torino, il Genoa, l'Fc Torinese e la Società Ginnastica di Torino, composte interamente, o quasi, da giocatori inglesi: studenti e lavoratori che si erano trasferiti nell'area portuale di Genova o in quella industriale di Torino. Le partite si sarebbero svolte in un giorno solo, da mattina a sera.

Esatto, avete capito bene: l'intero campionato si sarebbe svolto in un solo giorno!

E quel giorno era proprio l'8 maggio.

Così, mentre Milano era in rivolta, a Torino nella prima semifinale l'Internazionale aveva vinto il derby contro il Football Club Torinese 2-1. Purtroppo non conosciamo il nome dell'autore del primo gol della storia del nostro campionato... meriterebbe una statua, come minimo, ma nessuno si è preoccupato di registrarlo!

Poi il Genoa aveva sconfitto la Società Ginnastica di Torino per 2-0.

Perciò ormai era tutto pronto per la partita che avrebbe assegnato la coppa: erano le prime ore del pomeriggio, quando l'arbitro entrò in campo per fischiare l'inizio della finale tra il Genoa e l'Internazionale di Torino.

Il Genoa schierò due difensori, tre centrocampisti e cinque attaccanti. Il barbuto James Spensley aveva debuttato tra i pali, ma dopo qualche partita William Baird ne aveva preso il posto, cd cra stato subito chiaro quanto fosse più forte. Così, quel giorno, a giocare in porta fu Baird, scelta che sarebbe stata determinante… come scoprirete presto.

Il Genoa passò in vantaggio nel primo tempo, ma l'Internazionale pareggiò nel secondo. E al novantesimo il punteggio era ancora di 1-1.

Tra gli spettatori l'incertezza era palpabile.

«E quindi? Ora che succede?» sbottò qualcuno dalla tribuna.

«Si divideranno la coppa, un po' per uno.»

«No di certo, rigiocano domani!»

«Ma va', allungano la partita!»

E tra di loro ebbe ragione l'ultimo: si continuò a giocare per altri venti minuti, ovvero per l'intera durata dei due tempi supplementari.

Il Genoa scese in campo in dieci a causa dell'infortunio di uno dei suoi giocatori (e ai tempi non erano previste le sostituzioni, nemmeno quando un giocatore si faceva male!), ma non ne risentì. Anzi. Fu proprio la sua ala sinistra, il londinese Norman Victor Leaver per cui tifava uno dei soldati del comandante Bava Beccaris, a segnare per primo: 2-1.

A quel punto l'Internazionale di Torino si riversò in attacco sperando di riuscire a sfruttare la superiorità numerica, ma non ci fu nulla da fare.

Al fischiò finale, il Genoa era il vincitore del primo campionato nella storia del calcio italiano.

Insieme alle squadre che avevano partecipato alla competizione, furono in tanti a entrare nella leggenda. Perfino chi non c'era. Ad esempio Landasle Mackintosh, tra i giocatori migliori del Genoa, che l'8 maggio 1898 non poté giocare (pare per impegni personali non rimandabili). O l'esterno sinistro Howard Passadoro che, essendo anche canottiere del Rowing Club di Genova, diede forfait per partecipare con il fratello Fortunato a un'importante gara sul fiume Po. E se è vero che questa scelta gli costò il primo campionato del calcio italiano, è altrettanto vero che gli permise di mettersi al collo una prestigiosissima medaglia di bronzo.

Ma, cosa più importante di tutte, il football iniziava a fare breccia tra la gente. Quel giorno, a Torino, era il calcio stesso che entrava nella leggenda!

Nel frattempo, a Milano altri diecimila tra artiglieri, fanti e alpini arrivarono in rinforzo alle truppe di Bava Beccaris.

E gli scontri che seguirono, passati alla storia come "i moti di Milano", si lasciarono alle spalle una scia di morte e di malcontento crescente.

I cittadini erano delusi e stremati. Però, da quel giorno, per molti la loro vita avrebbe avuto una scintilla in più: la passione per il *football*, il calcio.

E per novanta minuti, di tanto in tanto, avrebbero potuto dimenticare tutto il resto.

3

IL BARONE DEL CALCIO

12 OTTOBRE 1902
AUSTRIA vs. UNGHERIA

Jack e Olivia, subito dopo l'ora del tè, sgattaiolarono fuori casa come ogni pomeriggio, e si fiondarono verso il confine della proprietà. A seguirli c'erano i genitori, che invece camminavano a passo lento.

«Corri, Olli, corri!» urlò Jack. «Dai che iniziano!»

«Andate pure avanti, noi vi raggiungiamo» disse Nat ai figli.

Nathaniel Mayer Anselm von Rothschild – gli amici lo chiamavano semplicemente Nat – era un ricchissimo barone austriaco. La tenuta nella quale viveva con la sua famiglia si estendeva per decine e decine di ettari fino a spingersi verso il Danubio, che attraversava Vienna. E lì, Jack e Olivia si divertivano a giocare tra le piante secolari e i fiori profumati che circondavano la villa, una delle più belle della zona. Ultimamente, poi, avevano scoperto qualcosa di davvero appassionante e divertente...

«Aspettami, Jack!» urlò Olivia, che nel frattempo era scivolata due volte sull'erba bagnata.

Quando arrivarono al campo, trovarono i giardinieri con la palla in mano.

«Eccovi! Ora sì che ci siamo tutti» scherzò uno di loro.

E la partita iniziò.

Perché dovete sapere che quello di cui i due fratelli erano da poco venuti a conoscenza era un piccolo segreto: i giardinieri della villa dei von Rothschild, appena finito di lavorare, ogni giorno si ritrovavano in un campo che faceva parte della tenuta, e lì... giocavano a calcio!

Erano gli ultimi anni dell'Ottocento, e l'Europa attraversava la Belle Époque (che tradotto suona più o meno come "Bei Tempi"), un periodo a cavallo tra l'Ottocento e il Novecento che fu contraddistinto da innovazioni, benessere e grandi scoperte in tutti i campi. Finalmente, dopo un'epoca di guerra e povertà, i problemi potevano essere messi da parte, almeno per un po'. Immaginate di avere all'improvviso, per la prima volta nella vostra vita, del tempo libero e, cosa ancora più inusuale per l'epoca, di potervi... divertire! È proprio quello che accadde in tante città europee, come Praga, Vienna, Budapest, dove nacquero i caffè – ovvero luoghi dove si poteva bere in compagnia – , i circoli culturali e anche i primi cinema. E la sera, locali ispirati al noto Moulin Rouge di Parigi si riempivano di gente che ballava fino a notte fonda.

E poi era nato quel gioco che riempiva le ore libere dei giardinieri dei von Rothschild: il calcio. Jack e Olivia ne andavano matti, tanto che avevano deciso di rischiare raccontando ai genitori quello che succedeva ogni giorno nel campo in fondo alla tenuta, dove ai due era proibito spingersi. All'inizio i baroni non ne erano stati troppo contenti, ma quel giorno von Rothschild decise di andare a vedere con i suoi occhi cosa fosse quel nuovo sport di cui parlavano sempre i ragazzi.

Quando Nat arrivò al campo insieme alla moglie Charlotte, i giardinieri rimasero di stucco, e si bloccarono.

«Quindi sarebbe questo il gioco del calcio...» disse il barone fissando il prato puntellato dai giardinieri sudati.

Jack gli si parò davanti. «Viene dall'Inghilterra, sai?»

Il più anziano del gruppo si avvicinò stringendo sottobraccio un pallone di cuoio duro, tenuto insieme da lacci marroni.

Nat lo squadrò. «E voi due pensate che questo calcio possa piacere anche a noi dell'Impero Austro-Ungarico?» chiese.

«A noi piace eccome, papà!» gli rispose subito Olivia, le mani sui fianchi.

«Se posso permettermi… Secondo me, molto presto tutto il mondo parlerà del calcio» aggiunse il giardiniere più anziano, poi deglutì incerto.

Il barone pareva poco interessato e l'espressione sul suo volto non prometteva nulla di buono.

«Orsù allora, fatemi vedere» disse infine Nat e i due ragazzini corsero felici a bordo campo.

In un attimo l'aria si riempì delle voci dei giocatori, che chiamavano la palla e si incitavano a vicenda.

«Ma cosa fanno? I miei fiori!» urlò a un certo punto Charlotte, fissando le ortensie appena sbocciate ai margini del campo: il pallone sibilava a pochi centimetri dai suoi adorati fiori!

Gli occhi del barone, invece, rimasero incollati alla palla di cuoio che rimbalzava per il campo. «Tira!» esclamò a un certo punto, con sua stessa sorpresa.

Olivia lo guardò sorridendo: «Bello, eh?».

Sì, era bellissimo.

Il barone von Rothschild si innamorò immediatamente di quello sport, e decise che avrebbe fatto di tutto per farlo conoscere nell'Impero. In seguito propose ai giardinieri di creare una squadra vera e propria, e loro non se lo fecero ripetere due volte!

Nat prese dalla scuderia le divise gialle e blu dei suoi fantini: «Indosserete queste!» disse ai giardinieri, ormai anche calciatori.

Era il 22 agosto del 1894. La società calcistica First Vienna era ufficialmente nata. E con lei aveva inizio il calcio a Vienna, e nel resto dell'Impero Austro-Ungarico.

«Oggi si gioca l'amichevole Austria-Ungheria!»

«Bella! Contro chi?»

Era il 12 ottobre 1902, e all'epoca circolava spesso questa battuta. Perché dovete sapere che Austria e Ungheria, benché parte dello stesso Impero, non giocavano insieme, bensì l'una contro l'altra!

Soltanto otto anni prima, quando era nato il First Vienna, nessuno lo avrebbe mai creduto possibile, eppure quel giorno si sarebbe svolta proprio la prima partita ufficiale tra due nazionali non appartenenti al Regno Unito: l'amichevole Austria-Ungheria, appunto.

Jack e Olivia si erano ormai fatti grandi, ma per arrivare allo stadio corsero come quando erano bambini. Nat li seguiva provando a stare al loro passo, mentre Charlotte cercava di contenere l'esuberanza dei figli e del marito: un'impresa impossibile.

Quando arrivarono al WAC-Platz di Vienna, i ragazzi si fermarono, ansimanti e sudati. L'emozione era tanta, in fondo era iniziato tutto nel giardino di casa loro… e tra i fiori della mamma, pensò Olli!

«Quanta strada abbiamo fatto!» commentò Jack. E non si riferiva certo al percorso dalla villa fino al piccolo stadio, dove si erano appena seduti.

Attorno a loro i posti si riempivano di minuto in minuto. E il brusio cresceva.

L'Austria era nettamente favorita.

Del resto la stella ungherese era la punta Alfréd Hajós, che era sì apprezzatissimo in patria, ma come architetto e nuotatore! Ad Atene, nel 1896, aveva addirittura vinto la prima medaglia d'oro olimpica dell'era moderna nei 100 metri stile libero, e ora si ritrovava in un campo da calcio, con il pallone tra i piedi. E non è tutto. L'allenatore ungherese, Ferenc Gillemot, era proprio un bel tipetto. Fosse vissuto ai giorni nostri, sul suo profilo social ci sarebbe stato scritto: "Giornalista, professore universitario, campione nazionale di ciclismo su strada, nuotatore, calciatore e allenatore" (e per breve tempo avrebbe potuto aggiungere anche "soldato", perché morì in guerra nel novembre del 1916, a poco più di quarant'anni).

L'Ungheria, insomma, aveva pescato i suoi giocatori dal mondo dello sport, scegliendo gli *atleti* migliori. L'Austria, invece, aveva scelto i *calciatori* migliori.

E in campo si vide.

Gli austriaci partirono fortissimo, e il centravanti Josef Taurer segnò dopo solo cinque minuti un bel gol che fece esultare a pugni chiusi il barone von Rothschild. Dopo altri cinque minuti, fu il giovane attaccante austriaco Johann Studnicka (diciannove anni compiuti proprio quel giorno!) a raddoppiare.

I cinquecento tifosi che assistevano alla partita erano incontenibili.

Jack era rapito dall'atmosfera dello stadio: sognava, un giorno, di poter giocare con la maglia dell'Austria, e tenere la mano sul cuore mentre allo stadio risuonavano le note del suo inno. Austria e Ungheria, infatti, avevano pure gli inni diversi: avevano attraversato anni turbolenti, culminati in una guerra che si era conclusa nel 1867 con la creazione dell'Impero Austro-Ungarico, formato da Austria da una parte, e Ungheria e Croazia dall'altra. Ma avevano mantenuto ciascuna una propria costituzione, un proprio parlamento, una propria bandiera, milizie proprie… e rivendicavano, anche in campo, l'autonomia.

Sia Austria sia Ungheria, insomma, sebbene facessero parte dello stesso Impero, ci tenevano a vincere quel derby speciale.

Così non fu affatto una partita amichevole.

E per questo per gli austriaci il 2-0 non fu sufficiente. Si ributtarono all'attacco, intenzionati a fare un altro gol, che arrivò proprio all'ultimo minuto del primo tempo. A segnare fu di nuovo Johann!

"Mister, facciamo qualche cambio!" penserete che qualcuno avrà chiesto a Ferenc, durante l'intervallo. Invece no: ancora a inizio Novecento le sostituzioni non esistevano. Una delle regole del calcio, quindi, prevedeva che ogni squadra andasse avanti con gli undici giocatori schierati fin dall'inizio della partita (o solo con quelli che riuscivano ad arrivare alla fine!). E questo, per la nazionale ungherese, non fu certo di aiuto.

Nonostante ciò, nel secondo tempo Ferenc ce la mise proprio tutta per inventarsi qualcosa. Del resto, quella era o no l'epoca delle grandi invenzioni e del progresso scientifico? Vaccini, raggi X, motore a scoppio, automobili, motociclette, aerei, radiotelegrafo, telefono... Però i suoi sforzi furono inutili: l'Austria segnò il quarto gol. Poi il quinto.

Quando l'arbitro fischiò la fine, il barone balzò in piedi applaudendo, mentre Olivia e Jack invasero il campo per congratularsi con i giocatori.

Era un momento storico: quel gruppo di giardinieri, pian piano, assieme ad altri giocatori, era diventato una grande squadra.

E presto sarebbero entrati nel mito.

Ancora oggi quello giocato in quel periodo viene definito "calcio danubiano" perché messo in campo dalle nazionali di tre Paesi attraversati dal Danubio: naturalmente Austria e Ungheria, ma anche la Cecoslovacchia.

Queste squadre furono accomunate da un gioco rivoluzionario. In pratica, la tecnica prevaleva sulla fisicità: giocavano palla a terra, quasi sempre con tocchi "di prima", ovvero una fitta rete di passaggi rasoterra a un solo tocco. Era un calcio più lento di quello impetuoso e aggressivo degli inglesi, e quindi anche più ragionato.

Negli anni Trenta, poi, si sarebbe imposta in tutta Europa la nazionale austriaca detta *Wunderteam*, cioè "squadra delle meraviglie", selezionata e allenata da Hugo Meisl, un signore elegante che non lasciava il cappello a bombetta e il bastone da passeggio neanche quando andava agli allenamenti.

Solo nel 1938, l'anno dell'annessione austriaca alla Germania, la leggenda del calcio danubiano si sarebbe incrinata definitivamente.

Eppure, se oggi potessimo chiedere al barone von Rothschild: "Quindi il vostro calcio è scomparso?" credo che, ridendo sotto i baffi, risponderebbe: "Macché. Trovatemi un giardiniere che non sappia giocare a pallone!".

4

VENTI DI GUERRA

16 MAGGIO 1915

INTER vs. GENOA

Vittorio Pedroni si lisciò i baffi davanti allo specchio, sistemò la maglietta dentro i pantaloncini, e poi si infilò al collo il cordino con il fischietto.

Milano era la sua casa e la giornata era calda, così aveva deciso di arrivare allo stadio con la divisa già indosso. Salì sul tram, poi fece l'ultimo tratto a piedi. Quando sentì in lontananza i primi cori e il vociare dei tifosi, Vittorio sorrise. Ormai era quasi arrivato al campo di via Goldoni.

"Un po' di vita, finalmente!" pensò, perché fino a quel momento aveva attraversato la città nel più completo silenzio. L'atmosfera era surreale: quel giorno si giocava la penultima giornata del campionato di calcio di Serie A, eppure nell'aria si respirava soprattutto la paura di una nuova guerra.

Vittorio arrivò allo stadio, e trovò decine di persone in fila per comprare uno degli ultimi biglietti.

«Guardate, c'è Pedroni II!» urlò uno dalla folla.

Vittorio infatti aveva un fratello maggiore, Pedroni I.

«Veda di non darci un rigore contro, mi raccomando!» aggiunse un altro, senza perdere di vista il figlio.

E lui li salutò sollevando una mano. Vittorio era stato un calciatore del Milan, ma non aveva mai abbandonato gli studi: si era laureato in giurisprudenza e, quando aveva smesso di giocare, era diventato avvocato. Anche se la passione per il calcio era rimasta così forte che ogni tanto, la domenica, arbitrava le partite di Serie A.

Come quel giorno, il 16 maggio 1915, per Inter-Genoa.

L'esito di quella partita avrebbe potuto stravolgere la classifica del diciottesimo campionato della storia. La stagione, in realtà, si sarebbe conclusa il 23 maggio: così aveva deciso la Federazione calcistica italiana il 2 agosto 1914, un giorno dopo la dichiarazione di guerra della Germania alla Russia che aveva dato il via alla Prima guerra mondiale.

Fino a quel momento l'Italia era rimasta neutrale, ma Vittorio era convinto che fosse solo questione di tempo.

«Sai Vitto, ogni giorno che passa perdo giocatori» gli aveva confidato Virgilio Fossati, giocatore dell'Inter e allenatore dei suoi stessi compagni (proprio così: alcune squadre sceglievano l'allenatore tra i loro giocatori più importanti!). «E non solo io: il re sta chiamando tutti alle armi!»

Era così, in effetti. Vittorio Emanuele III aveva chiamato molti cittadini alla mobilitazione preventiva perché bisognava farsi trovare pronti a una guerra ormai probabile. I nati nel 1894 e 1895, invece, erano partiti per la leva obbligatoria. E così molte squadre della Serie A avevano dovuto rinunciare all'iscrizione al campionato. Oppure si erano iscritte, ma poi si erano ritirate a stagione in corso.

E i problemi riguardavano anche Inter e Genoa.

Guerra o non guerra, la partita si sarebbe giocata comunque, nel campo di via Carlo Goldoni dove, in quella stagione, l'Inter aveva sempre vinto. Per la precisione dieci volte su dieci.

Vittorio, nella sua impeccabile divisa scura, anticipò l'ingresso in campo dei ventidue giocatori, poi li contò, infine fischiò il calcio d'inizio. Erano le 15.30.

In campo c'era anche Virgilio. Quel giorno aveva la febbre alta, ma non poté proprio restare a letto: i nerazzurri avrebbero perso in un colpo solo l'allenatore, il loro capitano e il giocatore più forte!

L'Inter iniziò attaccando a testa bassa sin dai primi minuti, ma il portiere del Genoa Giacomo Rolla, che poi sarebbe partito per la guerra e diventato bombardiere, parò la conclusione potente e velenosa dell'attaccante Emilio Agradi.

Vittorio fissò Giacomo. Al suo esordio con la maglia del Genoa, pochi anni prima, non aveva parato neanche un tiro. Lo ricordava bene, perché aveva arbitrato lui quella partita! Ora invece era un fuoriclasse.

Dopo otto minuti di assedio interista, i rossoblù del Genoa passarono in vantaggio. La dinamica del gol non è chiarissima... Le cronache dell'epoca raccontano di un tiro di un giocatore del Genoa (per alcuni Santamaria I, per altri l'inglese Walsingham) respinto dal portiere interista Carlo Binda. Sul pallone vagante pare si avventò un giocatore del Genoa del quale si ignora il nome, che calciò segnando il gol del vantaggio. Un'altra cosa di cui non siamo certi, né lo poterono essere allora, è se il pallone avesse effettivamente superato la linea di porta. Purtroppo, ben più di un secolo prima dell'introduzione della tecnologia in campo, non si poteva far altro che affidarsi al giudizio dell'arbitro!

In un attimo Vittorio fu circondato da una decina di calciatori agitati che si strattonavano e fu travolto dalle urla dei tifosi. Arbitrare gli piaceva da matti, ma detestava ritrovarsi tra lamentele e proteste, e non aveva per niente torto: mica era facile prendere certe decisioni! Considerate che oggi, a volte, neanche venti replay in tv servono a togliere definitivamente i dubbi.

Tuttavia si sforzò di mantenere la calma. Alla fine convalidò il gol, e la gara riprese, ancora più fallosa e ruvida.

Ormai la situazione si era fatta tesa. Vittorio cercò di riportare i giocatori alla calma, ma più volte fu costretto a esclamare: «Si ritenga ammonito!». I cartellini infatti ancora non esistevano (saranno introdotti nel 1970), e ammonizioni ed espulsioni venivano segnalate solo a voce. In un paio di occasioni, poi, dovette addirittura interrompere il gioco per permettere i soccorsi a giocatori colpiti da entrate dure.

"Forse dovrei sospendere la gara" pensò a un certo punto.

Poi al quindicesimo minuto arrivò il pareggio interista con un gol di Emilio Agradi, e la partita si fece più tranquilla. L'Inter continuò ad attaccare, ma la fatica dei suoi giocatori era evidente. Secondo alcuni cronisti dell'epoca, risentivano della grande preoccupazione per la guerra incombente. D'altra parte, non erano in condizioni differenti quelli del Genoa.

Tutti erano preoccupati, a cominciare da Vittorio: pur essendo all'oscuro degli accordi tra Stati, gli italiani sentivano che qualcosa stava per succedere.

Ed era vero. Il 26 aprile, il governo italiano aveva firmato il Patto di Londra con Francia, Inghilterra e Russia, rimasto segreto. Così, mentre si moltiplicavano le manifestazioni dei cittadini – alcune a favore dell'intervento militare, altre contro – di fatto l'Italia si era già impegnata a entrare in guerra. Un conto, però, era immaginare ciò che sarebbe successo. Un conto era essere in guerra davvero.

Vittorio si riscosse dai suoi pensieri e fischiò l'ennesimo calcio di punizione. Al 60' del secondo tempo, il genoano Felice Berardo segnò il gol del 2-1, e un quarto d'ora dopo la velocissima ala sinistra Augusto Bergamino realizzò il 3-1.

A tredici minuti dalla fine, Vittorio dovette gridare «Espulso!» al roccioso centrocampista Ettore Leale. Il Genoa ormai giocava in dieci, tuttavia l'Inter non riuscì più a impensierire la porta di Giacomo.

Vittorio guardò per l'ultima volta il cronometro, afferrò il fischietto, lo portò alla bocca e fischiò tre volte di fila. La partita era finita e la vittoria del campionato, al Genoa, pareva ormai vicinissima.

Sette giorni dopo, il 23 maggio 1915, Vittorio Emanuele III dichiarò guerra all'Austria, e l'Italia entrò ufficialmente nel conflitto. Molti calciatori lasciarono a casa le divise sportive e partirono per il fronte.

Il campionato, ovviamente, si fermò. Al Genoa sarebbe bastato pareggiare in casa contro il Torino per ipotecare la vittoria del campionato, ma quella partita non si disputò mai. E la Prima guerra mondiale, in Italia, terminò soltanto nel novembre del 1918, quasi tre anni e mezzo dopo.

C'era però un campionato ancora da assegnare. Al momento della sospensione del torneo, il Genoa si trovava al primo posto della classifica del miglior girone del campionato, oltre a essere considerata all'unanimità la grande favorita. Fu così che l'11 dicembre del 1921 venne ufficialmente dichiarato campione d'Italia della stagione 1914/1915.

Ma quel giorno non tutti i giocatori della formazione vincitrice parteciparono alla premiazione. Il portiere Adolfo Gnecco e il difensore Claudio Casanova erano caduti in guerra, così come l'ex centrocampista Luigi Ferraris (al quale verrà poi intitolato lo stadio), il giocatore delle giovanili Carlo Marassi, l'ex punta Alberto Sussone e uno dei fondatori del club, l'inglese James Spensley.

Per loro, il triplice fischio di Vittorio segnò la fine dell'ultima, indimenticabile partita.

5

I SELVAGGI ROSSI

SETTEMBRE 1922

REPUBBLICA SOCIALISTA FEDERATIVA SOVIETICA RUSSA vs. FINLANDIA

«E adesso vediamo chi interrogare...» disse da dietro la cattedra Alexia Zarchenko, l'insegnante di storia, mentre il panico si diffondeva tra i banchi.

L'anno scolastico era ormai agli sgoccioli, e i ragazzi avevano già iniziato a pensare alle vacanze estive.

«Prof, ma davvero interroga?» chiese Oleg, il più coraggioso del gruppo.

La professoressa Zarchenko annuì. «Jussi, vieni tu!» disse senza neanche alzare lo sguardo dal registro.

Jussi crollò sul banco come un centravanti atterrato in area di rigore.

Lei, che lo conosceva bene, non si scompose. «Se

preferisci, puoi anche rimanere al tuo posto. Ti do una bella insufficienza, e passo al prossimo.»

«Vai, vai!!!» gli sussurrarono allora dalle retrovie.

«Dai che poi ti facciamo scegliere le squadre...» aggiunse Ian, il più mingherlino della classe, seduto dietro di lui. Un gruppetto di compagni, finite le lezioni, ogni giorno si fermava a giocare a calcio nel cortile della scuola.

Jussi capì che la salvezza degli altri compagni ormai dipendeva da lui. Gonfiò il petto. Poi guardò negli occhi la professoressa Zarchenko, come farebbe un portiere sfidando il rigorista a undici metri da lui.

Senza dire nulla, si alzò. E percorse quei sedici passi che lo separavano dalla cattedra senza mai abbassare lo sguardo. "Calci pure!" pensò di dirle, ma non aprì bocca. Anzi, aveva una paura tremenda di fare scena muta anche all'interrogazione!

Tania, dall'ultimo banco, accennò un coro in suo onore, picchiando i palmi delle mani sulle ginocchia a ritmi regolari. Per quanto volessero tutti un bene dell'anima a Jussi, ciò che importava veramente alla classe era che lui tenesse occupata la professoressa abbastanza da non avere il tempo di interrogare altri.

Quello che accadde dopo, però, sarebbe entrato

nella storia della scuola "Fëdor Dostoevskij" di San Pietroburgo. Per Jussi Zelinski, fu come vincere la finale di Coppa del Mondo.

«Vorrei sapere da te quando si giocò la prima partita nella storia della nazionale sovietica di calcio» iniziò la Zarchenko.

Al ragazzino cedette la colonna vertebrale. Com'era possibile?

Anche i compagni non riuscivano a credere alle proprie orecchie.

Sorrise. Sapeva tutto di calcio: «Era il settembre del 1922, ma non posso dire con esattezza il giorno, perché le fonti sono decisamente imprecise».

Sulla classe piombò il silenzio. La professoressa invece annuì.

«E non la chiamerei neppure "nazionale sovietica", come fanno altri» proseguì Jussi, fulminando con un'occhiata Igor, il primo della classe, che di calcio sapeva ben poco. «Quel giorno di settembre del 1922 scese in campo la "Repubblica Socialista Federativa Sovietica Russa", come scritto sulla distinta ufficiale e sui giornali dell'epoca.»

«E contro chi giocò?» lo incalzò la Zarchenko.

Il ragazzino rispose senza esitazioni: «La Finlandia. O meglio: contro una selezione di dilettanti finlandesi, gente che di professione faceva il carpentiere, il muratore, o il pescatore. Erano tutti appassionati di calcio, ma di certo non i giocatori più forti del Paese. Anzi».

«Bene. Ora parlami un po' del periodo storico in cui si svolse la partita: che cosa accadeva in Russia in quegli anni?»

I compagni ammutolirono. Ian si accucciò ancora di più, lui non lo sapeva di sicuro, ma il sorriso sul volto di Jussi si allargò ancora di più.

«Fino a poco prima la Russia era un impero, prof. C'era lo zar!» esclamò Jussi con voce squillante.

«Non lo zar, la Var!» scherzò Tania dal fondo della classe, scatenando un brusio a cui la Zarchenko mise immediatamente fine battendo il pugno sulla cattedra.

La Var a cui si riferiva Tania è quel sistema che permette di rivedere certi episodi arbitrali su un monitor posizionato a bordo campo… e di certo all'epoca non esisteva!

Jussi proseguì senza farsi distrarre. «Del resto gli zar comandavano da quasi mezzo millennio, era normale che prima o poi le cose sarebbero cambiate! Se pensa che solitamente un allenatore non dura più di cinque anni di fila sulla stessa panchina…»

Un altro brusio attraversò la classe.

«Riprendiamo dalla storia, spiegati meglio» lo incalzò la prof, lanciando un'occhiata di rimprovero agli altri alunni.

«Allora, all'inizio del Novecento, la Russia usciva da una guerra contro il Giappone durante la quale aveva perso molti uomini. Così lo zar, oltre alla grave crisi economica, si ritrovò circondato da cittadini molto scontenti... diciamo che proprio non ne potevano più, ecco. E per lo zar quello fu l'inizio della fine: rinunciò a parte dei suoi poteri, e acconsentì alla formazione di un'assemblea rappresentativa, la Duma, oltre a una Costituzione...»

Tania stava per esultare come dopo un gol, ma si bloccò all'ultimo mordicchiandosi le labbra: la professoressa Zarchenko non era proprio un tipo spiritoso, meglio evitare. Non aveva mai visto Jussi così sicuro di sé, stava battendo il suo record personale di resistenza a un'interrogazione. Il precedente non arrivava nemmeno a due minuti!

Il ragazzino si fermò un attimo a pensare, poi proseguì: «Sempre in quel periodo in Russia nacquero i Soviet, cioè assemblee di operai e di soldati contro il potere dello zar...».

La prof lo fissava, compiaciuta come non mai. Persino i suoi compagni erano rimasti in silenzio per lo stupore!

E continuando a parlare, Jussi si rese conto che aveva memorizzato da qualche parte tutta una serie di informazioni che in realtà non credeva proprio di ricordare. Invece erano lì, pronte a venir fuori al momento giusto! E quello, evidentemente, lo era.

Così continuò. Raccontò che lo zar di quel periodo era Nicola II, soprannominato lo Zar Buono, a cui però la bontà non bastò. Perché nel marzo 1917, i Soviet decisero di mettere fine al suo dominio secolare scatenando una rivoluzione. Lui chiese l'aiuto dell'esercito per far fronte all'insurrezione, ma nessuno mosse un dito. Allora Nicola lasciò il comando del Paese a suo fratello, Michele, che però rinunciò al trono. E quella sarebbe stata la fine della loro famiglia, i Romanov. In autunno scoppiò la Rivoluzione d'ottobre, e prese il potere Lenin, che lo diede ai Soviet, dando vita alla Repubblica Socialista Federativa Sovietica Russa, per l'appunto. Da quel momento iniziò una guerra sanguinosa che durò più o meno cinque anni e in seguito alla quale, nel dicembre del 1922, nacque ufficialmente l'Urss, cioè l'Unione delle Repubbliche Socialiste Sovietiche.

A Jussi, però, le guerre non piacevano, così tornò a parlare di calcio...

«Il Soviet più importante era quello di Pietrogrado (che sarebbe la San Pietroburgo di oggi). Ed è lì che nel settembre del 1922 la nazionale russa giocò la sua prima partita di calcio!»

La professoressa Zarchenko lo aveva studiato tutto il tempo attraverso le lenti dei suoi occhiali dalla montatura rosso ciliegia, prendendo ogni tanto appunti su un bloc-notes. Jussi la scrutò cercando di capire come fosse andata. Non ne era certo, ma di una cosa era sicuro: il calcio rendeva tutto divertente per lui, persino le interrogazioni a sorpresa. Non c'era nulla da fare.

«Bravo, Jussi. Bravissimo» disse alla fine la prof. «Ora puoi raccontarci della partita, com'è andata?»

La scena era tutta sua. Gli occhi dell'intera classe erano puntati su di lui.

«Be', di quella partita purtroppo...» Sospirò. «Non sappiamo quasi nulla.»

«Il risultato lo sappiamo, però: 4-1 per noi» intervenne Tania all'improvviso.

Jussi lanciò un'occhiata alla compagna. Non aveva gradito l'interruzione, eppure lei era così carina, con quelle guance arrossate e quell'espressione appassionata... che finì per sorriderle.

«Vero, però non sappiamo granché di come andò, a parte che giocavamo un calcio rivoluzionario» disse serissimo, «perché l'Impero russo era rimasto per un sacco di tempo completamente isolato dal resto d'Europa, quindi gli insegnamenti degli inglesi non erano mai arrivati fino a qui.»

Nello stesso istante, Tania annuì convinta. «Il calcio, noi dovevamo inventarcelo!» aggiunse.

Di nuovo il ragazzino le sorrise.

Ora capiva che giocavano nella stessa squadra, loro due.

«Quindi in cosa era rivoluzionario il nostro calcio?» chiese la professoressa rivolgendosi a entrambi.

Jussi aprì la bocca, quindi la richiuse. Fissò Tania e annuì.

Lei sbarrò gli occhi, poi il suo volto si illuminò per la felicità. Le aveva lasciato la parola!

«È stato definito "calcio selvaggio" perché veniva giocato per strada, senza regole, dai lavoratori delle fabbriche… insomma, si usavano più i muscoli che la tecnica.»

La professoressa Zarchenko inclinò la testa di lato, piacevolmente sorpresa. «A quanto pare il calcio non piace soltanto a Jussi… Molto bene Tania, e dei marcatori cosa sappiamo?»

«Non si sanno i loro nomi, dato che il comunismo non amava mettere l'accento sul risultato individuale, ma sul collettivo. Così, il nome di chi aveva fatto gol non è stato annotato da nessuna parte.»

«Bravi entrambi!» esclamò alla fine la prof, davvero soddisfatta, mentre appuntava un ottimo voto sul registro.

«Sappiamo, però» intervenne ancora Jussi, «che i giocatori erano tutti russi. Per questo motivo qualcuno considera la prima vera partita della nazionale quella del 1924 contro la Turchia, vinta 3-0. La prima in cui i giocatori rappresentavano l'intera nazione, che all'epoca era formata anche da altri Stati oltre alla Russia, come l'Ucraina, la Bielorussia e l'Estonia.»

«E sappiamo pure che, qualche mese dopo, Repubblica Socialista Federativa Sovietica Russa e Finlandia si riaffrontarono a Helsinki, e che vincemmo ancora noi, con un netto 0-5» aggiunse Tania, decisa ad avere l'ultima parola.

In classe scoppiò un applauso.

Jussi si alzò per tornare al banco, e passò accanto a Tania.

«La prossima volta inizio io, però» bisbigliò lei, facendogli l'occhiolino.

Lui rimase immobile e sentì le guance infiammarsi, proprio mentre la campanella suonava. E con il cuore pronto a esplodere, pensò che una sensazione così forte l'aveva provata qualche mese prima davanti alla tv, guardando una partita della nazionale russa. Solo che ora era lui a sentirsi il campione in campo, con la maglia numero 9 e la fascia da capitano.

La passione per il calcio, forse, non era servita solo a ottenere un bel voto in storia…

6

TIQUI TACA

15 MAGGIO 1929

SPAGNA vs. INGHILTERRA

Jimmy è sdraiato sul letto della sua cameretta, la stanza è buia, fatta eccezione per il cono di luce che proviene dal comodino. Dovrebbe mettersi a dormire, ma sta sfogliando per l'ennesima volta il libro sui più grandi personaggi del calcio inglese. Da quando sua madre gliel'ha regalato, non fa che pensare a uno di loro.

Jimmy fa la prima media, e ama leggere. Adora immaginare i personaggi e viaggiare con la fantasia, spingendosi così lontano che gli sembra di vivere veramente le storie tra le pagine. Solo che stavolta è diverso, è rimasto come stregato.

Afferra il tablet sul comodino e cerca di nuovo le foto di quel calciatore su Internet: in alcune l'uomo ha uno sguardo gentile ma deciso, ha la camicia della nazionale inglese e i capelli biondi e sottili riportati di lato. Sono di quando giocava. In altre, invece, sembra una persona completamente diversa: ha un'espressione più dura, e spesso indossa un abito elegante e la bombetta nera. In quelle era già allenatore.

Poi il ragazzino mette da parte il tablet e riapre il volume in cerca del capitolo che ha già letto decine, forse centinaia di volte: "L'incredibile storia di Frederick Pentland, il Giramondo".

Non si poteva dire che Frederick Pentland avesse avuto una vita monotona.

Era nato in Inghilterra, nel 1883, e a sedici anni era entrato nelle giovanili del Birmingham. Costretto a cercarsi un lavoro per aiutare economicamente la famiglia, era finito in un'azienda che produceva pistole, ed era diventato l'assistente personale del capo, un fabbricante di armi molto potente.

Questa è una delle parti della storia che Jimmy preferisce: di giorno Frederick costruiva i calci delle pistole, e la sera andava a tirare calci al pallone... pazzesco!

Ma a vent'anni, Frederick aveva lasciato il lavoro per dedicarsi esclusivamente al calcio. Aveva debuttato nel campionato inglese con il Blackpool, e poi aveva cambiato maglia più volte, arrivando a indossare anche quella della nazionale. Dopo dieci anni di discreta carriera, Frederick (che ormai tutti chiamavano Fred) aveva deciso di lasciare il gioco per coronare il suo grande sogno: diventare allenatore.

Allora era andato a Berlino, in Germania. Lì aveva una grande possibilità: guidare la nazionale tedesca alle Olimpiadi del 1916. Peccato che proprio quelle Olimpiadi non si sarebbero mai disputate, perché nel luglio del 1914 era scoppiata la Prima guerra mondiale e in un attimo tutto era cambiato. Frederick fu catturato e spedito a Ruhleben, una prigione a pochi chilometri da Berlino. Lì erano rinchiusi 4000 prigionieri, tra cui anche diversi intellettuali: il famosissimo direttore d'orchestra Charles Adler e James Chadwick, il fisico che nel 1935 avrebbe vinto il Premio Nobel, per esempio. Per questo all'interno del campo si tenevano conferenze e incontri quasi tutti i giorni, e fu addirittura aperta una sala da tè dove si chiacchierava e si scambiavano idee. E Frederick ne aveva tante.

Jimmy ruota la lampada sul comodino perché la luce colpisca per bene la pagina che ha davanti. Rischia di svegliare sua sorella Martina, di sette anni, solo che gli occhi iniziano a bruciare, un po' per il buio e un po' per il sonno. Si è fatto tardi, in effetti.

Ma il meglio della storia deve ancora arrivare. Non può smettere proprio adesso!

A Ruhleben c'erano due campi da calcio. E visto che Frederick non era l'unico ex calciatore, gli venne naturale organizzare un piccolo campionato.

E fu proprio dentro a quel campo di prigionia che le sue idee di calcio presero forma. Lì tutti avevano un disperato bisogno di divertirsi, di mettere da parte le tremende condizioni di vita anche solo per novanta minuti. Fu così che Frederick pensò di proporre un gioco spettacolare, qualcosa di completamente nuovo per gli inglesi, che tra un duello fisico in mezzo al campo e un bel dribbling avevano sempre preferito il primo.

Jimmy si sofferma sulle ultime frasi, cercando di memorizzarle. Da grande sogna di fare il telecronista sportivo ed è certo che questa parte della storia gli sarà utile, prima o poi.

Un giorno Frederick si ferì e venne medicato da una graziosa infermiera, di nome Nahneen. I due si innamorarono e alla fine della guerra, quando lui fu tornato in libertà, si sposarono.

A quel punto Frederick fu chiamato in Francia alla guida della nazionale (che portò fino alle semifinali alle Olimpiadi del 1920) e poi in Spagna, dove, allenando diverse squadre negli anni Venti e Trenta, finalmente ebbe l'occasione di rivoluzionare il modo di giocare dell'epoca. Sfruttando ciò che aveva imparato nel campo di prigionia, infatti, insegnò un gioco fatto di tanti passaggi corti e rasoterra che ancora oggi è la caratteristica principale del calcio spagnolo e che viene chiamato "Tiqui Taca".

Grazie alle sue idee e ai successi che ottenne, Frederick nel 1929 divenne assistente dell'allenatore della nazionale spagnola José María Mateos.

Un rumore fa sobbalzare Jimmy.

«È ora di dormire» sussurra suo padre, comparso improvvisamente sulla soglia della porta, mentre lancia un'occhiata a Martina rannicchiata nell'altro letto.

Il ragazzino sbuffa. «D'accordo, una pagina e spengo!» E si immerge di nuovo nella lettura.

Il 15 maggio 1929, a Madrid, ci fu uno scontro epocale. Da una parte la squadra di Frederick, la nazionale spagnola, dall'altra il Paese nel quale Frederick era nato, cioè l'Inghilterra, che in quasi sessant'anni, cioè dalla sua prima partita, non aveva mai perso.

Questa volta, però, il risultato pareva meno scontato, anche perché George Camsell, il fenomenale centravanti inglese del Middlesbrough, non giocava. Ma il problema dell'Inghilterra era ben più grave: quell'anno, infatti, una durissima crisi mondiale l'aveva messa in ginocchio, e molte fabbriche erano state costrette a chiudere. Tre milioni di operai erano in difficoltà. Ci furono scioperi, disordini, rappresaglie. Rimaneva giusto il calcio a tenere alto il morale dei cittadini!

Fin dall'inizio, fu subito chiaro a tutti che quella sarebbe stata una partita interessante.

Al quindicesimo minuto del primo tempo l'inglese Joe Carter segnò con una conclusione precisa e potente: 0-1. E dopo soli cinque minuti Joe Bradford, l'attaccante del Birmingham City, raddoppiò. 0-2. Dopo aver segnato, Bradford raggiunse il portiere spagnolo Ricardo Zamora, ancora a terra, e gli lanciò uno sguardo più eloquente di molte parole: nessuno avrebbe battuto l'Inghilterra, mai.

Fu allora che Frederick dalla panchina richiamò a sé l'attaccante del Real Madrid Gaspar Rubio e gli spiegò come sorprendere la difesa inglese, quali movimenti fare in attacco. E i suoi consigli funzionarono:

a Gaspar bastarono pochi minuti per accorciare le distanze. 1-2. E quattro minuti più tardi, il centravanti Jaime Lazcano pareggiò.

Durante l'intervallo, Fred si congratulò con ognuno dei suoi giocatori. Tra gli inglesi, invece, si fece strada la preoccupazione. Per la prima volta si trovavano davvero in difficoltà.

Jimmy si sfrega gli occhi, sforzandosi di combattere il sonno. Non può fermarsi proprio ora.

Gira velocemente la pagina, il secondo tempo lo aspetta.

Pochi minuti dopo l'avvio della ripresa, Joe Carter segnò il gol del 2-3.

Ma presto la Spagna pareggiò di nuovo, grazie a una rete di Gaspar. Così, a pochi minuti dalla fine della partita, le squadre erano sul 3-3.

La tensione tra i giocatori e i tifosi faceva vibrare l'aria. La situazione pareva fin troppo equilibrata, ma gli spagnoli avevano qualcosa in più: più energie, più fiducia, più inventiva.

José María Mateos si avvicinò al suo vice.

«Sei proprio certo di essere inglese?» chiese ridacchiando.

«Purosangue!» gli rispose Fred sorridente.

In effetti, proprio Frederick, la mente che aveva partorito quelle idee rivoluzionarie di calcio, era ormai l'unico cittadino inglese allo stadio Metropolitano di Madrid convinto di poter vincere: con la Spagna, però, non come il resto dei suoi connazionali che tifavano Inghilterra! E con un concetto di calcio che di inglese non aveva nulla. Gli inglesi, infatti, all'inizio della loro storia erano tipi da "palla avanti e pedalare": calciavano il pallone oltre la metà campo, poi correvano velocissimi verso la porta avversaria. Tutt'altra strategia rispetto al tiqui taca.

Frederick fissò il centravanti spagnolo Gaspar, con il pallone tra i piedi al limite dell'area. "Ma in fatto di calcio no, non sono inglese. Sono un cittadino del mondo" aggiunse tra sé e sé.

In quel momento Gaspar vide con la coda dell'occhio il movimento del compagno Severiano Goiburu, lo servì e...

Jimmy scatta con un balzo in piedi sul letto. Imita lo stop di Severiano con il piede destro, poi calcia in acrobazia, atterrando con un rimbalzo sul materasso.

«Goool!» urla. «Quattro a tre!!!»

Martina si sveglia di soprassalto.

Ma Jimmy non ci bada. Ora è Severiano Goiburu e corre come un matto col dito puntato verso il suo allenatore Frederick Pentland. Grazie al suo gol, la Spagna ha battuto l'Inghilterra, sconfitta per la prima volta in assoluto!

Mentre Jimmy esulta saltando sul letto, la porta della cameretta si spalanca.

«Lo so...» dice il ragazzino, accorgendosi finalmente che mamma, papà e la sorellina lo fissano con gli occhi sbarrati. «Non avete mai visto un gol così, eh?»

7

I LEONI DI HIGHBURY

14 NOVEMBRE 1934
INGHILTERRA vs. ITALIA

«È rotto!» gridò Luis indicandosi il piede. Urlava così forte da coprire perfino le grida di incitamento dei tifosi. «Il mignolo, il mio mignolo! Mi fa un male cane!»

Luis saltellò sulla gamba sana, si buttò a terra e tirò a sé l'altra stringendo il piede dolorante.

«Calmati, fammi vedere» gli disse Luigi Bertolini, suo compagno di squadra, avvicinandosi. Poi aiutò Luis a togliersi la scarpa e il calzettone… e a quel punto impallidì. «Oh mamma mia! Sembra… un uncino!» esclamò. Era un tipo molto impressionabile.

In effetti il mignolo sinistro di Luis Monti, il leggendario colosso della nazionale italiana, non aveva per niente un bell'aspetto. E appena Luigi vide il sangue si sentì svenire.

Nel frattempo, per fortuna, altri giocatori erano accorsi. Aiutarono prima Luigi, e poi si occuparono anche del povero Luis. E a tutti fu subito chiara una cosa: aveva il mignolo rotto.

«Esci che ti medichiamo» disse a Luis l'allenatore Vittorio Pozzo.

«Uscire? Mica possiamo giocare in dieci!» si oppose lui. (Ebbene sì, ancora nel 1934 non esistevano le sostituzioni.)

«E tu non puoi giocare con un dito spappolato!» ribatté Vittorio con la fronte corrugata.

«Questo lo dici tu, mister.» Luis si rinfilò calzettone e scarpa, si alzò e, voltando le spalle all'allenatore, tornò zoppicando al centro del campo. La partita riprese.

Era il 14 novembre 1934, e l'Italia era campione del mondo in carica. Il 10 giugno di quello stesso anno, infatti, aveva battuto la Cecoslovacchia nella finale che si era disputata allo stadio del Partito Nazionale Fascista di Roma, davanti agli occhi di Benito Mussolini e delle alte cariche dello Stato. Sulla maglia azzurra era stato cucito il fascio littorio, simbolo del regime e, prima e dopo la partita, oltre alla Marcia Reale (che all'epoca era l'inno d'Italia), era stata eseguita *Giovinezza* in onore di Mussolini.

Insomma, il calcio era stato l'ennesima occasione di affermare la forza della dittatura fascista, nata dodici anni prima e destinata a durare oltre vent'anni. Un regime totalitario e antidemocratico, perché il potere era concentrato nelle mani di Mussolini e in quelle di pochissime altre persone che ruotavano attorno a lui. E le loro decisioni erano incontestabili: gli oppositori del Fascismo venivano esiliati o uccisi. Tutti i cittadini, inoltre, vennero privati di molte libertà. Di pensarla diversamente, ad esempio, e di poterlo dire!

Il regime incoraggiava anche bambini e ragazzi a praticare sport, ma la motivazione non era delle migliori: voleva che diventassero forti e valorosi per poter combattere in guerra e dimostrare che il popolo italiano apparteneva a una "razza" pura e superiore alle altre, a cominciare da quella ebrea. Per questo vincere i grandi tornei sportivi per il Fascismo era importantissimo.

Ma aggiudicarsi la Coppa del Mondo per la nazionale italiana di calcio non era sufficiente. Va detto, infatti, che a quel campionato non aveva partecipato l'Inghilterra. Gli inglesi, fondatori e "maestri" del football, non si erano presentati perché sostenevano che tutti i tornei di calcio dovessero svolgersi solo in Inghilterra, dove quello sport era stato inventato. Così, quando l'Italia aveva vinto, in molti avevano fatto notare che, per certificare la sua superiorità, la nostra nazionale avrebbe dovuto battere anche loro.

L'allenatore italiano Vittorio Pozzo non era d'accordo. La sua squadra aveva appena vinto il Mondiale, ma che cosa sarebbe successo se avesse perso contro gli inglesi? Benito Mussolini, però, fu irremovibile: un successo contro gli inglesi era proprio quello che serviva per ribadire la forza e il valore dei giocatori azzurri, e con loro di tutto il popolo italiano.

Così la partita si giocò. Cinque mesi dopo, ovvero quel 14 novembre 1934, ad Highbury, storico stadio dell'Arsenal a nord-est di Londra.

Quel giorno, la stella dell'Italia era Giuseppe Meazza, un ragazzo poco più che ventenne con gli occhi chiarissimi, le sopracciglia folte, e un sorriso capace di abbagliare. Giuseppe, detto "Peppin", era il centravanti dell'Ambrosiana Inter. Ed era davvero un fenomeno, in tutti i sensi: bastava la sua presenza, e tutti si fiondavano allo stadio per vederlo giocare. Un po' perché era fortissimo, capace di segnare in tutti i modi, un po' perché era pure bello, con quei capelli tirati all'indietro col gel che avevano conquistato i cuori di molte tifose.

E poi c'era Luis Monti, entrato in campo per primo per spaventare gli avversari. Luis infatti era immenso, enorme, solo a guardarlo faceva paura. Era nato in Argentina da genitori italiani, e in Sud America era soprannominato Doble Ancho, cioè "Armadio a due ante", per quanto era grosso e muscoloso. Aveva il collo di un toro, e le spalle così larghe che nelle giornate di sole avrebbero potuto fare ombra a mezza squadra.

La partita, però, come sappiamo non cominciò nel migliore dei modi per lui…

Dopo neanche un minuto dal fischio di inizio, un giocatore inglese fu steso nell'area italiana, e l'arbitro fischiò il calcio di rigore. L'inglese Eric Brook si incaricò della battuta, ma il portiere bergamasco Carlo Ceresoli si tuffò alla sua destra e respinse il tiro.

Fu così che il pallone arrivò a Luis. Purtroppo per lui, l'attaccante inglese Ted Drake decise che c'era un solo modo per fermare quel gigante: abbatterlo. Con un salto terrificante, atterrò sul piede sinistro di Luis, infilandogli i tacchetti in ferro appuntito attraverso il cuoio della scarpa, fino al mignolo.

Prima si sentì un crack, freddo e secco, tipo il suono di un ramo che si spezza.

Poi un «Aaargggh!!!» forte e intenso, da far rizzare i peli.

Infine quel «È rotto!» con cui è iniziata questa storia.

Ted aveva azzoppato l'armadio a due ante della nazionale italiana, mettendolo ko. Erano trascorsi appena due minuti e il mastino del centrocampo italiano non poteva più giocare. E incredibilmente l'arbitro non prese nessun provvedimento!

Nonostante la frattura, Luis non ne volle sapere di uscire lasciando i suoi compagni in dieci. Strinse i denti, e rimase in campo. Fermo, immobile. Il compagno Luigi, però, forse ancora confuso dalla vista del sangue, attaccato da un paio di giocatori inglesi fece quello che faceva sempre in quelle situazioni: gli passò il pallone.

Luis provò a fare un passo, il dolore gli risalì fino alle tempie. Strozzò l'urlo che aveva in gola, e si sforzò di farne un altro. Di nuovo una scossa. Provò ugualmente a calciare il pallone lontano, ma i piedi non rispondevano ai suoi comandi. Fu così che Luis perse la palla e si convinse finalmente ad abbandonare la partita.

Fece però in tempo a vedere la punizione dell'inglese Britton e il successivo colpo di testa di Eric Brook, ala sinistra del Manchester City. Il boato dei tifosi londinesi sovrastò il lamento di Luis mentre osservava il pallone entrare nella porta azzurra: 1-0.

Luis lasciò il campo sorretto dai compagni, ma non era ancora finita: dopo appena quattro minuti l'Inghilterra raddoppiò, ancora con Eric, ma su calcio di punizione. 2-0.

E dopo altri tre minuti, Ted Drake segnò il 3-0.

A nemmeno metà del primo tempo, il punteggio era già schiacciante.

E non era un caso. Gli inglesi, infatti, avevano preparato quella partita con molta cura. Innanzitutto scegliendo di giocare in autunno inoltrato, in modo che le probabilità di trovare un clima "all'inglese", cioè freddo e piovoso, fossero alte (e se c'è una cosa di cui si può star certi è che ad Highbury a metà novembre non spunta mai il sole). In pratica volevano mettere gli italiani in condizioni sfavorevoli e, al contrario, decisamente ideali per loro, che amavano un calcio fisico e vigoroso. E così era stato: la partita era iniziata con un freddo e un nebbione da incubo, e più tardi avrebbe anche piovuto a dirotto e il campo si sarebbe riempito di fango e pozzanghere. Insomma, condizioni in cui gli inglesi... sguazzavano!

Alla fine del primo tempo, gli azzurri erano a pezzi, in ginocchio, proprio come il loro gigante ferito, Luis. Durante l'intervallo, però, qualcosa successe. Secondo la leggenda, nel gelo dello spogliatoio azzurro di Highbury, il difensore romano Attilio Ferraris spronò gli azzurri a tirare fuori tutto il loro valore. Fu molto duro.

Che sia vero o no, quel che è sicuro è che al rientro in campo gli inglesi trovarono un'altra Italia ad affrontarli. Nonostante l'inferiorità numerica, le condizioni del campo e il valore degli avversari, gli azzurri iniziarono a colpire duro.

In 10 contro 11, e grazie a qualche variazione tattica voluta da Pozzo per fronteggiare l'infortunio di Luis, fu Peppin Meazza a trainare la squadra. Al 58' l'attaccante Raimundo Orsi lo vide con la coda dell'occhio all'interno dell'area inglese, e lo servì. L'azzurro controllò il pallone e lo calciò violentemente in porta: gol! 3-1.

Quattro minuti dopo, Attilio, il difensore che aveva fatto il discorso negli spogliatoi, calciò una punizione verso il dischetto dell'area inglese. Peppin saltò più in alto di tutti e, con una frustata del collo, incornò il pallone spedendolo sotto la traversa. Ancora gol: 3-2.

Peppin alzò le braccia al cielo, e anche Luis esultò: per un attimo non sentì dolore, l'infortunio sparì soffocato dalla gioia. La partita sembrava riaperta, e Benito Mussolini poteva festeggiare il coraggio e la forza degli italiani.

E in effetti l'Italia sfiorò il pareggio più volte, persino al 90', quando Peppin centrò in pieno la traversa, con il portiere inglese battuto e la porta sguarnita. Ma purtroppo, ad Highbury, quel 14 novembre 1934, alla fine fu sconfitta.

Quando l'arbitro fischiò la fine della partita, il pubblico applaudì gli inglesi vincitori. Ma anche i calciatori italiani, compreso Luis, sorretto da due compagni. Non solo. I tifosi allo stadio li omaggiarono con un'emozionante e sportiva *standing ovation*.

La stampa inglese e italiana, il regime fascista e la sua propaganda, ribattezzarono Luis Monti e i suoi dieci compagni "I leoni di Highbury". Usciti dal campo sconfitti e azzoppati, ma entrati a pieno diritto nella leggenda dello sport del nostro Paese.

Proprio quando l'alleanza tra Mussolini e Hitler – che si erano incontrati per la prima volta, a Venezia, quattro giorni dopo la finale della Coppa del Mondo – era sempre più vicina. E, con lei, l'inizio della Seconda guerra mondiale.

Ma questa è un'altra storia.

8

IL BALLO DI MATTHIAS

3 APRILE 1938

AUSTRIA vs. GERMANIA

"Questa partita è una farsa!"

Matthias Sindelar si mordicchiò le labbra nervoso. Scheletrico, con gli occhi blu infossati leggermente malinconici e l'espressione gentile, era soprannominato "Cartavelina". A una prima occhiata, nessuno avrebbe mai creduto che quell'ammasso di ossa sporgenti potesse essere uno dei migliori giocatori in circolazione. Eppure Matthias poteva diventare una furia: quando scendeva in campo, o quando succedeva qualcosa che faticava a sopportare.

Proprio come quel 3 aprile 1938, durante l'amichevole tra la sua squadra, l'Austria, e la Germania.

Lui che era il primo "finto nove" della storia – sono chiamati così quegli attaccanti che non stazionano al centro dell'area di rigore, ma spaziano, giocando il pallone sulla linea dei centrocampisti, e poi si fiondano in area per finalizzare l'azione – riteneva infatti inaccettabile l'idea di partecipare a una partita dal risultato già scritto. L'Austria, la *Wunderteam*, era una delle migliori nazionali degli anni Trenta, giocava un calcio spettacolare e incantava tutta Europa con il suo gioco offensivo. Eppure quel giorno avrebbe vinto la Germania, perché così aveva deciso Adolf Hitler…

Ma che cosa stava succedendo?

In quegli anni l'Europa era in subbuglio. Adolf Hitler, dittatore della Germania da cinque anni con il titolo di Führer, aveva mire espansionistiche su tutto il continente: voleva allargare i propri confini occupando i Paesi vicini. Così il 12 marzo 1938, nemmeno un mese prima, aveva invaso l'Austria, trasformando una delle più gloriose nazioni europee in una semplice e anonima provincia del suo impero. D'altra parte per lui contava una sola cosa: diventare il padrone assoluto. E ci stava riuscendo.

Questa politica aveva avuto ripercussioni anche nel mondo del calcio, ovviamente. A una settimana dalla partita, la Federcalcio austriaca era stata sciolta, e Hitler aveva stabilito che la nazionale austriaca avrebbe giocato la sua ultima partita contro la Germania, prima che i giocatori venissero arruolati nella nazionale tedesca.

Quel 3 aprile 1938 il Prater di Vienna traboccava di svastiche, bandiere naziste, militari e alti ufficiali tedeschi. Erano tutti pronti a godersi la vittoria della Germania.

Ma non Matthias.

Nato all'inizio del novecento a Kozlov, nell'attuale Repubblica Ceca, all'età di tre anni si era trasferito a Vienna con la famiglia. Suo padre era morto durante la Prima guerra mondiale e, per aiutare la madre e le tre sorelle, aveva dovuto abbandonare presto gli studi. Il calcio era diventato il suo unico sollievo: divideva il tempo tra l'officina e la strada, che era il suo campo. Finché aveva ricevuto una proposta da una delle più importanti squadre della città, l'Hertha Vienna, ed era diventato un calciatore professionista. E poi un giocatore della nazionale.

E ora la sua Austria doveva lasciare la vittoria alla Germania.

Matthias aveva ancora nelle orecchie il "suggerimento" di non giocare con troppo impegno che gli era stato dato mentre entrava in campo. Vide attorno a sé tutta quella gente, e le bandiere della Germania, e i soldati in tribuna, ed ebbe una fitta al cuore. Si sentiva schiacciato.

Aveva ottenuto che l'Austria giocasse per l'ultima volta con la maglietta rossa e i pantaloncini bianchi, i due colori della bandiera, ma questa vittoria era di ben poca consolazione.

Entrati in campo, i giocatori della Germania fecero il saluto nazista. Avete presente? Braccio destro teso in avanti, leggermente sollevato rispetto alla spalla. Era il modo di salutare Hitler e di dimostrarsi fedeli al suo regime. Le alte cariche tedesche si alzarono in piedi e risposero a loro volta con il saluto.

Il portiere austriaco tese il braccio destro. E anche un altro suo compagno. E un altro e un altro ancora. Ma Matthias non si mosse. Si guardò attorno, e notò che anche il difensore Karl Sesta era rimasto immobile. Erano gli unici due in tutto lo stadio.

Poi la partita iniziò.

E Matthias mostrò tutto il suo repertorio: dribbling, scatti, tiri. Era incontenibile. Si ritrovò in più occasioni davanti al portiere avversario, da solo, la palla del possibile vantaggio sul piede destro.

"Non possiamo vincere" pensò la prima volta, e calciò addosso al portiere, in modo che parasse.

"Non dobbiamo vincere" pensò la seconda, e tirò sul fondo, lontano dalla porta.

"Non è permesso vincere" pensò la terza, e diede al difensore tedesco il tempo di recuperare.

Matthias tratteneva a fatica le emozioni, e dopo l'intervallo tornò in campo in subbuglio. Tenne il capo chino mentre riecheggiavano nello stadio strapieno le grida di tifo e incitamento alla Germania.

Ma poi alzò la testa e incrociò lo sguardo di alcuni tifosi austriaci. Tenevano in mano le bandiere del Terzo Reich con la svastica e l'effigie dell'aquila, il simbolo dell'impero tedesco.

Matthias trasalì. Aveva visto i carri armati tedeschi entrare in città, ricordava le donne portate via con la forza, i negozi saccheggiati.

Era troppo. Cartavelina era nel pieno del furore.

Così prese una decisione. Appena ricevette l'ennesimo pallone dentro l'area di rigore, pensò a una sola cosa: a fare gol. Calciò con tutta la forza che aveva in corpo, e osservò il pallone che entrava in porta e gonfiava la rete. L'arbitro fischiò: gol! 1-0.

Il pubblico sugli spalti era attonito.

Ma i giocatori austriaci non si accontentarono: continuarono ad attaccare davanti agli occhi increduli degli avversari e della tribuna piena di tedeschi. Sfiorarono il raddoppio una, due, tre volte. E a quel punto il Prater esplose. I tifosi austriaci gettarono a terra le bandiere naziste e si misero a scandire ad alta voce: «Österreich! Österreich! Österreich!». Incitavano l'Austria!

Dopo nove minuti, Karl Sesta, l'unico oltre a Matthias che non aveva fatto il saluto nazista, tentò una conclusione dalla grande distanza. Il pallone prese una traiettoria assurda e finì in porta: 2-0.

Quando l'arbitro fischiò la fine della partita, i tifosi austriaci non potevano crederci: la loro nazionale, all'ultima sfida prima di scomparire tra le pieghe del calcio tedesco, era stata capace di sconfiggere i padroni. Di casa, e di mezza Europa.

A partita conclusa, un ufficiale tedesco scese a bordo campo e recuperò informazioni su tutti i giocatori austriaci. Ma Matthias non se ne accorse, era impegnato a correre come un pazzo, fin sotto allo spicchio di tribuna occupato dagli uomini di Hitler.

E, una volta lì sotto, ballò.

Quell'amichevole tra Austria e Germania non venne mai riconosciuta ufficialmente, né dalla federazione tedesca né dalle organizzazioni calcistiche internazionali. Come se non fosse stata giocata, o quasi.

In seguito, i migliori calciatori austriaci andarono a rinforzare la nazionale tedesca, che intanto si stava preparando per i Mondiali di Francia.

Ma non Cartavelina, nonostante fosse il più forte di tutti. Ufficialmente a causa di un infortunio al ginocchio che gli impedì di giocare, in verità perché non avrebbe indossato la maglia della Germania nemmeno sotto tortura.

Così Matthias lasciò il calcio per sempre e rilevò una caffetteria da un ebreo costretto a cedere l'attività. E alla fine di una tranquilla giornata di lavoro, la sera del 23 gennaio 1939, tornò a casa in compagnia della sua fidanzata, l'insegnante milanese di origine ebraica Camilla Castagnola, come faceva sempre. Ma quel giorno andò a dormire e non si svegliò più. E lei con lui.

«Una fuga di gas all'interno dell'appartamento.» Così dissero gli agenti di polizia, liquidando la faccenda in pochi minuti. Un incidente dovuto a una stufa difettosa, una sfortunata casualità insomma.

Eppure in tanti, compresi alcuni giornalisti dell'epoca, ipotizzarono che l'avvelenamento non fosse affatto accidentale, bensì la punizione per aver sfidato così apertamente il regime nazista.

Con la maglia dell'Austria Vienna Matthias aveva realizzato 158 reti in meno di 300 partite, e con la nazionale ben 27 in 44 gare, diventando a suon di gol il miglior giocatore del calcio austriaco.

E anche se la sua storia personale non ebbe un lieto fine, quel 3 aprile 1938 è ancora oggi ricordato non solo dal mondo del calcio, ma dalla storia.

Per il ballo memorabile di chi non si piegò al volere di Hitler.

9

UN EROE ROSSOBLÙ

16 OTTOBRE 1938
BOLOGNA vs. LAZIO

Sara sorrise alla sua immagine, riflessa nella vetrina di un negozio del centro di Bologna. Era felice e si sentiva molto fortunata: quel pomeriggio avrebbe tenuto compagnia ai due figli del mitico Árpád Weisz, colui che aveva cambiato il modo di allenare!

E tutto grazie a sua madre, che conosceva la balia dei bambini.

Sara adorava il calcio, la sua famiglia andava allo stadio da sempre, e conoscere Árpád le pareva incredibile. Sara leggeva tutto di lui, lo considerava un grande maestro di calcio. E aveva ragione!

Árpád era stato un calciatore, un attaccante esterno. Aveva partecipato da soldato dell'Impero Austro-Ungarico alla Prima guerra mondiale, durante la quale era finito prigioniero in Italia. Alla fine del conflitto, era tornato prima in patria e poi, da cittadino libero, in Italia, dove nel 1925 aveva iniziato a giocare nell'Inter. Purtroppo si era infortunato per ben due volte, ed era stato costretto a smettere a soli trent'anni.

E così si era messo ad allenare, scoprendo che la cosa gli riusciva molto bene. Non solo: sapeva come distinguersi. Ad esempio era stato il primo a dirigere gli allenamenti invece che in giacca e cravatta (troppo scomodo!) con la maglietta e i pantaloncini, altre volte la tuta. E poi era molto attento alla preparazione atletica e all'alimentazione dei suoi giocatori e se ne infischiava delle mode dell'epoca: scelse un nuovo sistema di gioco, che allora non usava nessuno!

Quando, ormai tre anni e mezzo prima, nel gennaio 1935 i dirigenti del Bologna lo avevano chiamato, gli avevano affidato un solo obiettivo: la salvezza. Perché i rossoblù erano buoni giocatori, ma mancavano di organizzazione tattica, e per questo rischiavano di retrocedere e finire in serie B. Sara non osava nemmeno pensarci!

Árpád non solo aveva portato a termine il suo incarico, ma aveva chiuso il suo primo campionato al sesto posto. La stagione successiva, poi, era stata strepitosa: il Bologna aveva vinto lo scudetto interrompendo il dominio della Juventus, che si era aggiudicata cinque titoli di fila!

Sara all'epoca aveva dieci anni e ricordava benissimo che all'inizio di quel campionato nessuno avrebbe scommesso una lira (l'euro non c'era ancora!) sui rossoblù: la squadra non aveva fuoriclasse, nessun formidabile attaccante, nemmeno un eroico capitano. Per rendere l'idea, l'interista Meazza avrebbe segnato 25 gol, mentre il miglior marcatore del Bologna, Angelo Schiavio, sarebbe arrivato appena a 10.

Ma a portare alla vittoria erano stati il gioco di squadra e le idee e le strategie di Árpád.

Quando entrò nel cortile di casa Weisz, Sara trovò il piccolo Roberto che giocava a "muro": calciava il pallone contro la parete e poi lo riprendeva, fino a che non si stancava. Era chiaro che aveva ereditato dal papà la passione per il calcio. Clara, invece, stava vestendo una bambola. Sara si fermò a osservarli un istante all'ombra di un salice piangente. Ma quando i bambini si accorsero della sua presenza, le corsero subito incontro saltellando, accompagnati dalla balia che fece le presentazioni.

Quando salirono all'appartamento, Sara, tutta rossa per l'emozione, salutò Árpád. L'uomo se ne stava seduto su una poltrona, aveva gli occhi stretti e affilati, un po' all'orientale, e i capelli scuri, come la carnagione. Nelle foto sui giornali aveva sempre uno sguardo vispo, ma in quel momento a Sara sembrò un fantasma.

Le sorrise e poi si alzò, lasciando sul tavolo in formica il foglio e la busta che teneva in mano.

Sara non voleva, ma ci passò accanto e sbirciò. Ci mise un po' a capire cosa voleva dire.

Proprio lui, che in quell'autunno del 1938 era alla guida del Bologna campione d'Italia, doveva lasciare il Paese. Nel luogo in cui aveva messo radici e dove erano nati i suoi figli, ora non era più il benvenuto.

Perché Árpád Weisz era un cittadino ebreo.

E il 7 settembre 1938 Benito Mussolini aveva emanato un decreto che inizialmente prevedeva l'espulsione dei cittadini ebrei arrivati in Italia dopo il 1933, ma che poi era stato esteso a tutti quelli che si erano insediati a partire dal 1919. E tra loro c'era l'intera famiglia Weisz: Árpád, la moglie Elena, e i figli Roberto e Clara.

E non era tutto: nell'aprile di quell'anno, il 1938, era stato vietato alle persone di origine ebrea di collaborare a giornali e riviste. Poi in agosto di ricoprire cariche pubbliche, e da lì, come un virus, di lavorare in aziende, banche, uffici… E ora quella stupida legge colpiva anche il suo amato calcio.

Sara tornò a casa col cuore pesante. Certo, lei aveva appena tredici anni, ma non capiva proprio il motivo di queste discriminazioni contro gli ebrei. «A volte basta nascere nel posto e nel momento sbagliato» le diceva sempre sua nonna, e ora Sara iniziava a capire che cosa intendesse.

Eppure le sembrava incredibile. Viveva in una città sempre in fermento, famosa per i suoi portici pieni di cose da vedere e da fare, e a lei piaceva così. Ma Bologna e l'Italia intera stavano cambiando, era come se tutto stesse diventando più buio, triste.

Qualche giorno dopo, il 16 ottobre, Sara andò allo stadio con lo zio Gino per assistere alla quinta giornata di campionato: il Bologna affrontava la Lazio del fortissimo Silvio Piola. L'anno prima, nel campionato 1936/37, tra le due squadre c'era stato un avvincente testa a testa per lo scudetto, perciò la partita si prospettava particolarmente interessante.

Sara vide entrare in campo Sansone, Montesanto, Biavati, Andreolo, il portiere Ferrari. E scorse anche Árpád che si accomodava in panchina. Anche dalla tribuna si notava quanto il mister fosse distante. E purtroppo lei era una delle poche persone a sapere davvero il perché: sua mamma aveva saputo dalla balia che al piccolo Roberto era stata proibita l'iscrizione alla terza elementare. In pratica non poteva più andare a scuola! La famiglia Weisz si sarebbe presto trovata costretta ad abbandonare l'Italia. Sara era rimasta senza parole.

Fissando l'allenatore del Bologna, ora pensava che forse non lo avrebbe rivisto mai più. Non a Bologna, per lo meno. E le pareva assurdo.

L'arbitro fischiò l'inizio della partita, e Sara si riscosse dai suoi pensieri.

Il Bologna partì bene, e si rese subito pericoloso. Attorno alla mezz'ora l'uruguaiano Héctor Puricelli, soprannominato "Testina d'oro" per le sue doti nel gioco aereo, segnò: 1-0.

Sara e i tifosi rossoblù esultarono assieme ai giocatori in campo. Solo Árpád rimase impassibile nel suo vestito elegante.

Qualche minuto dopo, il centrocampista bolognese Michele Andreolo, anche lui originario dell'Uruguay, segnò la rete del raddoppio. 2-0. E di nuovo Árpád non reagì.

Ormai la Lazio era in ginocchio. Provò a reagire, nel secondo tempo, arrivando anche a colpire un palo, ma senza riuscire a segnare. A fine partita i giocatori del Bologna si abbracciarono in mezzo al campo mentre gli spalti rossoblù esplodevano di gioia.

Sara cercò Árpád con lo sguardo, ma lui era già nello spogliatoio.

Qualche giorno dopo, curiosando sul quotidiano «il Resto del Carlino» che lo zio Gino aveva lasciato sulla poltrona, lesse: "La storia di Weisz nel club è ormai definitivamente conclusa".

La ragazzina rimase pietrificata. Divorò l'articolo in cerca di altre informazioni, ma non diceva granché. Quindi cercò sulla rivista «Il Calcio Illustrato», che dedicava appena tre righe alla notizia dell'esonero di Weisz: tutti si concentravano sull'arrivo del sostituto, Hermann Felsner.

E nessuno si interessò più ad Árpád per molto tempo.

La stagione calcistica del 1938 si concluse in gloria per il Bologna, che vinse il terzo scudetto consecutivo, e quinto della sua storia. Per gli almanacchi del calcio quel titolo porta la firma dell'allenatore Felsner, ma tutti sanno che l'artefice di quell'impresa e il protagonista di quel ciclo vincente fu un altro: Árpád.

Sara in seguito scoprì che Árpád aveva trovato rifugio in Olanda. Ma che il 2 agosto del 1942, lui, la moglie e i due figli erano stati arrestati e portati con la forza prima nel campo di concentramento di Westerbork, e poi ad Auschwitz, in Polonia. Lui resistette fino al gennaio del 1944, il resto della famiglia perse la vita appena arrivata al campo. E con loro, nel corso della Seconda guerra mondiale, morirono sei milioni di ebrei.

Così, oggi Árpád è ricordato non solo come un pezzo importante della storia rossoblù, ma come uno dei talenti spezzati dall'assurda idea che culture diverse fossero un ostacolo e non un arricchimento.

10

UNA VITA DA PRIGIONIERI

9 AGOSTO 1942

FC START vs. FLAKELF

Nikolaj Trusevič fischiettando si diresse come ogni mattina al panificio di Kiev, dove lavorava da poche settimane.

Tutto era iniziato quando era stato avvicinato in un locale da Iosif Ivanovič Kordik, il proprietario del panificio. Quel giorno Nikolaj era provato, sporco e malvestito, eppure Iosif l'aveva riconosciuto per la cicatrice sulla guancia che si era procurato in campo. Iosif, infatti, era un grandissimo appassionato di calcio, e Nikolaj, prima che scoppiasse la Seconda guerra mondiale, era stato il portiere della Dinamo Kiev. (La squadra nella quale poi, mezzo secolo dopo, avrebbe giocato il grande attaccante Andrij Shevchenko.)

Al bancone, i due avevano cominciato a chiacchierare e a commentare le più incredibili partite del passato e a discutere di schemi e calciatori. Finché, a un certo punto, Iosif fece a Nikolaj una proposta: perché non mettere su una squadra del panificio? Sarebbe stata formata da lui e dai suoi ex compagni di squadra, nella speranza che anche loro avessero voglia di riprendere a giocare. Iosif era così determinato che si impegnava ad assumere tutti i giocatori nel suo panificio.

Nikolaj non credeva alle sue orecchie: avrebbe avuto un lavoro, un tetto sotto cui dormire, cibo tutti i giorni... e in più sarebbe tornato a giocare a calcio! Non se lo fece ripetere due volte.

«Allora, a che punto siamo con la squadra?» scherzò Iosif quella mattina, appena l'amico arrivò al panificio.

Nikolaj, sorridendo pieno di orgoglio, estrasse dal taschino del grembiule un foglio unto e scarabocchiato, e glielo porse. Sopra c'erano scritti i nomi di calciatori di grande valore come Ivan Kuzmenko, Vladimir Balakin, Aleksey Klimenko. Persino quello di Makar Hončarenko, ala offensiva della Dinamo Kiev fino a qualche anno prima. Piccoletto ma fisicamente fortissimo, con il baricentro basso e un dribbling fulminante, era uno dei migliori giocatori che Iosif avesse mai visto.

Insomma: in quella lista c'era il meglio del calcio ucraino. E avrebbe giocato per la squadra del suo panificio.

Ma facciamo un altro passo indietro.

L'anno precedente, nel 1941, quando la Seconda guerra mondiale era già cominciata da due anni, le truppe tedesche di Hitler avevano invaso la Russia, nemica della Germania. E il 22 giugno, proprio il giorno dell'inaugurazione del nuovo stadio della Dinamo Kiev, le bombe erano piovute anche sulla capitale dell'Ucraina, all'epoca facente parte dell'Urss. Tempo tre mesi e Kiev era finita in mano all'esercito nazista.

Pur essendoci la guerra, in città i soldati e i gerarchi tedeschi avevano parecchio tempo libero e potevano svagarsi un po'. Giocare a calcio era facile e divertente e così, nel 1942, avevano deciso di organizzare un piccolo campionato, a cui avrebbero partecipato esclusivamente squadre formate da militari. Si erano iscritte una selezione di soldati tedeschi (a loro volta divisi in tante piccole squadre, a seconda delle mansioni), una squadra composta da ucraini collaborazionisti (cioè al servizio del regime nazista), un'altra di ungheresi, e così via.

Finché Iosif propose di allargare il torneo ad altre squadre, in modo che ci fossero più partite, più interesse tra la gente, e che i tedeschi potessero ribadire la propria forza e superiorità contro le grandi stelle del calcio ucraino. Nessuno ebbe nulla da ridire… o meglio: tutti ci cascarono!

Nella primavera del 1942 la squadra del panificio era pronta, e ovviamente si iscrisse al campionato. Agli ex giocatori della Dinamo si erano aggiunti anche alcuni avversari della Lokomotiv. La chiamarono "FC Start" e, com'era prevedibile, vinceva sempre!

Il 6 agosto la Start sconfisse 5-1 il Flakelf, impartendo ai soldati del Führer un'umiliazione memorabile. E il Flakelf non era una squadra qualunque, bensì la migliore formazione militare tedesca, composta dai giocatori della Luftwaffe, l'aviazione militare: gli uomini più forti, valorosi e fisicamente preparati dell'intero esercito nazista.

Il calcio aveva quindi mandato un messaggio importante: sconfiggere i tedeschi era possibile. A Kiev le strade si riempirono di gente che celebrava quel trionfo, e la Start divenne velocemente il simbolo di un intero Paese, pronto a resistere al Nazismo non solo in campo, ma anche nella vita di tutti i giorni.

E Hitler non poteva accettarlo.

Fu così che il 9 agosto 1942 la Start venne richiamata in campo: i tedeschi avevano deciso che la partita si sarebbe giocata di nuovo, tre giorni dopo la sconfitta. E c'era un motivo, come è ovvio. Questa volta, infatti, erano certi di assicurarsi la vittoria perché avevano assoldato nuovi giocatori per potenziare il Flakelf.

La giornata era caldissima, l'umidità alle stelle. Sugli spalti dello Zenit, il piccolo stadio di Kiev, erano appostati cecchini e soldati della Wehrmacht, le forze armate tedesche. Inoltre i tedeschi erano in 22 (c'era dunque una riserva per ruolo) e avevano uno spogliatoio a disposizione, mentre gli ucraini erano solo 11 e senza un luogo in cui cambiarsi. Ma non è finita: ad arbitrare la partita sarebbe stato un ufficiale nazista... giusto un po' di parte!

Insomma, sembrava una partita senza storia.

Sembrava.

All'ingresso in campo, nonostante l'evidente pericolosità della situazione, nessun giocatore della Start omaggiò il regime con il saluto nazista, che sarebbe stato obbligatorio. Al contrario, verso le tribune dove erano seduti i gerarchi di Adolf Hitler, vennero scanditi slogan che inneggiavano alla libertà del popolo ucraino.

Poi la partita iniziò.

Sin dal primo minuto, i giocatori tedeschi furono molto fallosi, eppure l'arbitro non intervenne mai;

d'altra parte gli ucraini sapevano di non poter reagire, e così furono costretti a sopportare la violenza degli avversari. Nikolaj prese un colpo durissimo alla testa, che gli fece addirittura perdere i sensi per qualche minuto. Ma i tedeschi non aspettarono che si riprendesse, e segnarono il gol del vantaggio: 0-1.

I nazisti sorrisero sugli spalti e la partita proseguì.

«Fuorigioco!» urlò l'arbitro, quando l'ucraino Makar si ritrovò, da solo, davanti al portiere tedesco... ma in posizione nettamente regolare.

I tedeschi sorrisero di nuovo: la vittoria sarebbe arrivata facilmente, ne erano convinti.

Ma non avevano fatto i conti con l'orgoglio ucraino.

Prima Ivan Kuzmenko pareggiò con una conclusione dalla distanza, forte e imparabile: 1-1. E subito dopo, l'estroso funambolo Makar Gončarenko, primo giocatore reclutato da Nikolaj, segnò due gol nel giro di pochi minuti, con altrettante irresistibili azioni personali.

Il primo tempo finì dunque sull'incredibile punteggio di 3-1 per la Start.

Il clima tra i tedeschi si fece tesissimo. Avevano trovato un avversario cocciuto e battagliero, e non se l'aspettavano. Perché non avevano capito che, per gli ucraini, quella che si stava giocando a Kiev non era una semplice partita di pallone, bensì una delle tante battaglie di quella lunghissima guerra. E non solo per una questione di orgoglio: pochi giorni prima, il dittatore dell'Urss Stalin aveva emanato un ordine che stabiliva che chi, nell'esercito russo di cui anche gli ucraini facevano parte, si fosse arreso ai tedeschi e ai loro alleati, per punizione sarebbe stato spedito nei territori di guerra più violenti e pericolosi... Arrendersi, per gli ucraini, non era quindi un'opzione, e lo stavano dimostrando anche i giocatori in campo.

Durante l'intervallo, un ufficiale tedesco fece allora irruzione tra i calciatori della Start e comunicò loro che, se avessero continuato a giocare così e vinto la partita, ne avrebbero pagato le conseguenze. Esatto, non era uno scherzo: si trattava di scegliere tra vivere e morire.

Così, nel secondo tempo, quando i tedeschi attaccavano, i difensori ucraini li facevano passare: il Flakelf accorciò subito le distanze, e poi trovò il pareggio con grande facilità. 3-3.

I tedeschi sugli spalti tornarono a sorridere.

Poi, però... accadde qualcosa.

La Start tornò a fare sul serio.

Attaccò e segnò: 4-3.

Poi, ancora: 5-3.

Il doppio svantaggio prima gelò il sangue agli ufficiali tedeschi, poi li fece ribollire.

Erano a pochi passi dalla sconfitta. Anche in guerra, sebbene ancora non lo sapessero: venti giorni prima, nella zona strategica tra i due fiumi Don e Volga, era iniziata la Battaglia di Stalingrado, che si sarebbe poi conclusa con la sconfitta dei tedeschi nel febbraio dell'anno successivo.

A pochi minuti dalla fine, l'ucraino Aleksey Klimenko superò come birilli gli impotenti difensori avversari, poi entrò in area. Ad aspettarlo c'era il portiere tedesco, ma Aleksey lo polverizzò con una finta spettacolare. Palla tra i piedi, completamente solo davanti alla porta sguarnita, doveva decidere che cosa fare.

A pochi passi dalla linea di porta, si fermò.

Si girò verso gli spalti e fissò sprezzantemente i gerarchi nazisti seduti in tribuna.

Sullo stadio di Kiev calò il gelo.

Aleksey allora si voltò, dando le spalle alla porta avversaria. E, con un calcio rabbioso e potente, spedì il pallone verso il centrocampo. Per il regime nazista, era un affronto senza precedenti.

Il destino dei calciatori ucraini ormai era segnato. E ne erano consapevoli. Così, quando l'arbitro fischiò la fine della partita, si diedero alla fuga. Inutilmente. Qualcuno venne preso e ucciso seduta stante. Altri, invece, furono catturati più tardi, al panificio. Alcuni furono torturati, quasi tutti uccisi.

Tra una vita da prigionieri e una morte da campioni, i giocatori della Start avevano preso la loro decisione.

N.d.A. Se tutto questo vi ricorda qualcosa, forse è perché avete visto il famosissimo film Fuga per la vittoria, *ispirato proprio a questa partita. Se invece non lo avete ancora guardato... fatelo al più presto!*

11

PER UN COLPO DI PISTOLA

1 APRILE 1945

JUVENTUS vs. TORINO

Pio Marchi prese posto a novemila chilometri di altezza dal livello dello stadio. O così immaginò Andrea. D'altra parte Juventus-Torino era la sua partita, e il trofeo in palio quel giorno era dedicato proprio a lui: la squadra vincitrice si sarebbe portata a casa la Coppa Pio Marchi!

Ecco perché, secondo Andrea, Pio non si sarebbe perso quella partita neanche morto. E in effetti, Pio Marchi era *davvero morto*.

Andrea se lo vedeva lì, su una nuvoletta alta alta nel cielo, impaziente di godersi lo spettacolo. D'altronde era il 1° aprile 1945, Lunedì dell'Angelo, pensò, e sorrise: era proprio così che immaginava Pio, un angelo pronto a tifare!

Andrea aveva appena compiuto dodici anni. Naso all'insù e spruzzata di lentiggini sulle guance, da suo padre aveva ereditato la passione per nomi, numeri... e date. Che fossero di compleanni, battaglie o eventi sportivi, poco importava: lui le memorizzava tutte, da qualche parte nella mente. E poi aveva un'"immaginazione galoppante", come dicevano sempre Anna e Tosca, le sue compagne di scorribande, appassionate di calcio come lui.

Di Pio Marchi, Andrea ricordava perfettamente che aveva giocato con la maglia della Juve una sola stagione, quella 1919/20. All'epoca Pio aveva venticinque anni, era appena finita la Prima guerra mondiale (mentre in quel momento era in corso la Seconda) e giocava con il fratello minore Guido, che a esser sinceri era il più forte dei due, anche se veniva soprannominato "Biscutin" per via del fisico minuto. Pio era per tutti Marchi I, perché il più vecchio, mentre Guido Marchi II.

Andrea e la sua banda di improbabili amiche abitavano a Torino, che era la capitale del calcio. Non solo per merito della Juve, che con Carcano, e poi Bigatto, in panchina aveva vinto ben cinque campionati di fila; ma anche perché dall'altra parte stava nascendo una delle squadre più forti di tutti i tempi: il Grande Torino di Valentino Mazzola.

E quel giorno si trovavano tutti e tre sugli spalti dello stadio della loro città per guardare Juventus e Torino sfidarsi.

«Ehi, ma quello non è Biscutin?» esclamò d'un tratto Anna, sgomitando per attirare l'attenzione dei due amici seduti accanto a lei.

Andrea strabuzzò gli occhi: qualche fila sotto di loro era seduto proprio Guido!

Tosca, invece, la afferrò per un braccio per farla calmare. «A me comunque piacciono le divise» disse, pratica come al solito.

Anche se così da lontano non poteva vederle, sapeva che sulle maglie dei ventidue in campo erano stampate le scritte "Juventus Cisitalia" e "Torino Fiat".

Molti dei giocatori avevano evitato la chiamata alle armi grazie al calcio: i presidenti delle squadre gli avevano procurato un lavoro nelle loro industrie, evitando così che fossero mandati in guerra. E Cisitalia e Fiat erano proprio le fabbriche che avevano assunto i giocatori della Juventus e del Torino come operai.

Intorno lo spettacolo era incredibile: lo stadio, all'epoca intitolato a Benito Mussolini, era strapieno.

Cori, urla, applausi... ma anche da lassù dove si trovavano, i tre ragazzini riuscirono a sentire chiaramente il fischio dell'arbitro.

«Iniziano?» chiese Anna.

Andrea sospirò: quelle due lo facevano davvero ammattire.

«Ma quanto è forte Valentino Mazzola?» diceva di continuo Anna, che stravedeva per quel giocatore del Torino con la maglia numero 10, ancora oggi ricordato come uno dei più grandi campioni della storia del calcio italiano.

In effetti, durante quella partita Valentino fece il bello e il cattivo tempo. Al 22' stoppò il pallone, saltò un avversario, prese la mira e poi calciò, dal vertice destro dell'area di rigore.

«Goool!!!» urlò Anna nell'orecchio di Andrea, perforandogli il timpano.

0-1: il Torino era passato in vantaggio.

Andrea sentì una scarica di adrenalina attraversargli il corpo. Era felice, ma quei festeggiamenti gli sembravano lo stesso... strani.

Lui adorava il calcio, ed era davvero contento di poter andare allo stadio, sia chiaro. Solo che tutta quell'esultanza mentre l'Italia era divisa e in guerra lo confondeva. Alcune zone, infatti, erano state occupate dalle truppe naziste, altre da quelle fasciste. Nel Regno del Sud si era instaurato il governo monarchico, mentre nel resto del Paese si continuava a combattere: partigiani e tedeschi, alleati angloamericani e fascisti, oppositori e collaborazionisti (cioè quelli che sostenevano e aiutavano gli invasori).

D'altronde era proprio a causa del conflitto che in Italia il campionato di calcio era stato sospeso, eppure tra una battaglia e l'altra si continuavano a organizzare tornei provinciali, coppe, coppette, piccoli campionati locali dai nomi improbabili (come quello "Toscano di guerra", del quale oggi non si ricorda nessuno): al pallone la gente non sapeva proprio rinunciare!

"Certo che solo il pallone può tenere unita l'Italia..." Osservando quella folla festante attorno a sé, Andrea rivide un po' il proprio punto di vista.

«Tutto bene?» gli chiese Tosca fissandolo. Oltre a essere quella pragmatica del gruppo, era anche un tipetto molto attento. «Sei così serio...»

Il ragazzino annuì, proprio mentre notava tra il pubblico uno striscione col nome di Pio Marchi. E si ricordò all'improvviso che Pio era soprannominato anche "Aviatik", perché era molto forte nel gioco aereo. La cosa incredibile è che poi fosse morto, nel dicembre del 1942, a causa di un bombardamento aereo. Ad Andrea sembrava che la Juventus avesse avuto un'ottima idea decidendo di intitolargli quella partita, e di far incidere il suo nome sulla coppa.

Un boato fece sobbalzare il trio di amici.

Era il 43', e Sentimenti III – cioè Vittorio, terzo di cinque fratelli calciatori – aveva pareggiato!

Tosca si alzò per guardare meglio: in campo c'era qualche timida protesta dei giocatori del Torino, per una possibile posizione di fuorigioco. Ma l'arbitro convalidò la rete: 1-1.

«Tè caldo per tutti?» domandò Anna, appena l'arbitro fischiò la fine del primo tempo.

I tre amici approfittarono della pausa per commentare quei primi, spettacolari, quarantacinque minuti. Tra una chiacchiera e l'altra, l'intervallo passò in un baleno, e la partita riprese.

E per la Juve cominciò benissimo: il bianconero Vittorio Sentimenti superò la difesa del Torino e raddoppiò. 2-1.

Andrea aveva già notato che in campo la situazione si era fatta un po' rude, ma a quel punto precipitò del tutto! Ezio Loik, centrocampista del Torino, strattonò il bianconero Ostilio Capaccioli, e ne nacque una vera e propria rissa.

Accadde tutto molto velocemente: un pugno evitato, un ruzzolone a terra, l'arrivo dello juventino

Pietro Rava da Cassine, da poco rientrato a Torino dopo essere scampato alla campagna di Russia e noto per le sue doti fisiche e caratteriali.

D'improvviso lo stadio fu raggelato da un suono che, purtroppo, tutti conoscevano bene: uno sparo.

Poi si udirono altri colpi di arma da fuoco, e altri ancora.

Andrea deglutì, cercando di scorgere il campo oltre la cortina di fumo grigio che si stava addensando sopra di loro.

Non bisogna dimenticare che lì allo stadio, mescolati sulle tribune, spesso gomito a gomito, c'erano camicie nere del Partito nazista, fascisti e partigiani, e che molti di loro erano armati: una miccia pronta a esplodere alla minima scintilla.

Il ragazzi non riuscivano a capire cosa stesse accadendo. E in molti, come loro, lo scoprirono solo qualche anno dopo, quando il dirigente bianconero Edoardo Fusero, testimone oculare, raccontò tutto.

Qualcuno dalla gradinata centrale aveva sparato un colpo in aria pensando forse di impaurire i giocatori, dalla tribuna però altri avevano risposto al fuoco. Era stato come ritrovarsi in guerra, in prima linea. La sparatoria era durata alcuni minuti, durante i quali i giocatori si erano gettati a terra cercando di evitare i proiettili che passavano sopra al campo, sibilando, da una tribuna all'altra. Poi gli animi si erano calmati, ma, appena il fuoco era cessato, i giocatori delle due squadre si erano nuovamente avventati gli uni contro gli altri con più furore di prima. E tutto era ricominciato da capo: altra sparatoria, altre pance a terra.

Quando il caos ebbe davvero fine, Andrea, Anna e Tosca tirarono un sospiro di sollievo, e la partita riprese.

La Juventus segnò ancora un gol (di Ugo Conti), ma poi, per evitare altri guai, l'arbitro fischiò la fine dell'incontro con un quarto d'ora di anticipo.

Juventus-Torino finì dunque 3-1, e così i bianconeri si aggiudicarono la Coppa Pio Marchi.

Ma fu solo per miracolo – chissà, forse opera di Pio – che durante quella partita non morì nessuno.

Pochi giorni dopo, per la precisione il 6 aprile 1945 (data che Andrea memorizzò a dovere come al solito), i soldati americani e quelli inglesi lanciarono un'offensiva militare. La sortita, chiamata "Operazione Mitraglia", portò alla liberazione di tutto il Nord: finalmente l'Italia era di nuovo unita e in pace.

E da quel giorno Andrea poté tornare allo stadio con Anna e Tosca senza temere sparatorie e, soprattutto, senza il timore di esultare e festeggiare.

12

MANO NELLA MANO

23 MAGGIO 1948

TRIESTINA vs. TORINO

TRIESTINA
URNA PER LA EL
DEL

Euro Giannini prese posto in tribuna e sfiorò la mano di suo padre, seduto di fianco a lui. Nel farlo, gli venne in mente ciò che era successo due anni prima.

Era l'estate del 1946 e la Seconda guerra mondiale – durante la quale Euro era stato fatto prigioniero in Germania, e aveva visto la morte in faccia – era finita da poco. La regione in cui abitava era stata appena divisa in due: una metà del TLT, cioè il territorio libero di Trieste, era stata assegnata agli alleati angloamericani, e comprendeva la stessa Trieste e parte del Venezia Giulia; l'altra metà, la parte orientale, veniva invece controllata dall'esercito jugoslavo.

A sua volta la città di Trieste, dove Euro viveva e giocava a calcio, aveva due anime, e anche due squadre: l'Unione Triestina e il Ponziana. E quel giorno di due anni prima, Euro aveva comunicato a suo padre per quale squadra avrebbe giocato.

«Come sarebbe a dire nel Ponziana? Ma gioca in Jugoslavia!» aveva esclamato l'uomo, rimasto di stucco.

Euro se l'aspettava. D'altra parte in famiglia avevano sempre tifato per l'Unione Triestina, che era iscritta al campionato italiano. Così, aveva afferrato le mani callose di suo padre e gliele aveva strette, come aveva sognato di fare tante volte in passato, quando era prigioniero in Germania, per darsi forza. Poi, con calma, gli aveva spiegato di aver ricevuto un'offerta che non poteva rifiutare: al Ponziana avrebbe guadagnato circa dieci volte quello che prendeva prima della guerra, e per giocare a calcio per giunta!

«Allora in bocca al lupo, figliolo» gli aveva detto infine l'uomo, prima di abbracciarlo.

Riemergendo dal ricordo, Euro si accorse che i due capitani, in campo, si stavano già stringendo la mano.

Poi il fischio dell'arbitro catturò l'attenzione di tutti: dopo la frenetica attesa di quei giorni, Triestina-Torino era finalmente iniziata.

Era il 23 maggio 1948, e per la Triestina si stava concludendo una stagione meravigliosa. Solo un anno prima, la squadra era retrocessa in Serie B, ma il presidente Leo Brunner era riuscito a convincere la Federcalcio italiana che il campionato precedente, per l'Unione, si era disputato fra troppe difficoltà (11 delle 19 partite in casa le aveva in realtà giocate a Udine, e quindi in trasferta), e che la squadra meritava di essere ripescata in Serie A. Alla fine la richiesta era stata accolta, e il campionato di Serie A del 1947/48 allargato a 21 squadre: la Triestina era salva!

«Guarda com'è agitato!» disse Euro al padre, indicando l'uomo in piedi a bordo campo, con la cravatta sul petto robusto e il cappello in testa.

Si riferiva a Nereo Rocco, l'allenatore. Era nato a Trieste, e così il presidente Brunner aveva subito pensato a lui quando aveva dovuto scegliere qualcuno in grado di risollevare la squadra.

Nereo aveva costruito la sua Triestina come farebbe uno chef che cerca la combinazione perfetta degli ingredienti: aveva scelto giocatori esperti, ma anche giovani pieni di sogni e di ambizioni e calciatori di valore che cercavano il riscatto dopo alcune stagioni deludenti. E poi aveva chiamato lui: Euro Giannini, un centrocampista di lotta e di corsa, togliendolo al Ponziana.

Quel giorno, però, Nereo non lo aveva schierato, ed Euro stava in tribuna a fare il tifo per i compagni. Un risultato positivo contro il Torino non solo avrebbe spinto la Triestina ancora più in alto in classifica, ma avrebbe dato maggior lustro e prestigio alla stagione. In quel Torino, infatti, giocavano dei campioni straordinari, tanto che ancora oggi lo ricordiamo come il Grande Torino, una delle squadre più forti di tutti i tempi, se non addirittura la più forte in assoluto!

Tra i giocatori del Torino in campo, Euro e suo padre avevano subito individuato Giuseppe Grezar: era triestino come loro e, anche se lui ed Euro avevano qualche anno di differenza, le loro famiglie si conoscevano. Come previsto, era invece assente il capitano Valentino Mazzola, perché infortunato. Tuttavia il Torino poteva comunque schierare giocatori del calibro di Valerio Bacigalupo (portiere), Franco Ossola, Ezio Loik, Guglielmo Gabetto e Aldo Ballarin.

Molti di questi, probabilmente, li avrete sentiti nominare il 4 maggio: quel giorno, ogni anno, vengono solennemente pronunciati dal capitano del Torino, insieme ai compagni, sul colle di Superga, luogo del disastro aereo che costò la vita a molti membri della squadra nel maggio del 1949.

La partita sembrò equilibrata sin da subito, e il padre di Euro ne fu sorpreso: all'andata era finita

6-0 a favore del Torino, e lui si aspettava un risultato simile anche al ritorno. Euro invece non si stupì: sapeva di cosa erano capaci i suoi compagni, anche quel 23 maggio 1948, quando per molti non avevano speranze. D'altronde, nel girone di ritorno lui e i suoi compagni erano stati capaci di sconfiggere la Juventus (e il mese dopo – Euro ancora non poteva saperlo – avrebbero battuto anche l'Inter, con uno spettacolare 4-3!). Non solo: grazie a un gioco molto accorto e difensivo, detto "catenaccio", l'Unione Triestina era rimasta imbattuta per ben quindici partite consecutive, e alla fine del girone d'andata si era ritrovata addirittura terza in classifica, dietro soltanto al Milan e allo stesso Torino.

Che quel giorno faticava a rendersi pericoloso. La Triestina poi si difendeva perfettamente, senza lasciare spazi agli avversari, costretti ad affidarsi a qualche episodio, come un calcio d'angolo o una punizione, per provare a tirare in porta.

E fu un calcio di punizione, infatti, a far tremare per la prima volta i tifosi della Triestina. Mentre Romeo Menti, attaccante del Torino, prendeva la rincorsa, Euro trattenne il fiato, e questa volta fu suo padre a stringergli la mano… dalla tensione!

Però il tiro a effetto di Romeo, superata la barriera, terminò la sua corsa sul fondo del campo. Il padre di Euro lasciò la mano del figlio per chiudere il pugno ed esultare: lo 0-0 era salvo, almeno per il momento!

«Non ero così nervoso dal giorno in cui siamo andati a votare!» commentò.

Poco più di un mese prima, infatti, il 18 aprile, si erano svolte in Italia le prime elezioni politiche dalla nascita della Repubblica e dall'introduzione della Costituzione, entrata in vigore proprio il 1° gennaio di quell'anno.

Euro era andato a votare con il padre, e anche con la madre: per la prima volta nella storia del nostro Paese alle elezioni potevano partecipare anche le donne. L'affluenza, cioè la quantità di persone che espressero un voto, fu quasi totale: 27 milioni di persone, cioè più del 90% dei cittadini italiani, si recarono nei seggi elettorali.

Le elezioni furono vinte dalla Democrazia cristiana, il partito spinto e appoggiato dal governo americano e guidato da un grande statista di nome Alcide De Gasperi.

Soddisfatti per il risultato (l'alternativa era il Partito comunista, vicino agli interessi e alle ideologie della nemica Unione Sovietica!), gli americani contribuirono alla ricostruzione dell'Italia e non solo attraverso il Piano Marshall, un programma di sostegno alle principali economie europee. Le città diventarono dei grandi cantieri, le fabbriche riaprirono, e così la gente ritrovò il lavoro, la normalità.

Ma torniamo alla partita.

Iniziò il secondo tempo, e non cambiò nulla. La Triestina difendeva senza sosta la porta di Guerrino Striuli, impedendo agli attaccanti del Torino di calciare pericolosamente.

E non era impresa da poco: non dimentichiamo che stiamo parlando della squadra che avrebbe chiuso il campionato con 125 gol segnati, record nella storia del calcio italiano!

A pochi minuti dalla fine, l'attaccante piemontese Guglielmo Gabetto provò un ultimo colpo a sorpresa, ma il suo tiro, debole e centrale, finì tra le braccia di Guerrino.

E, contro ogni pronostico, l'incontro terminò 0-0: l'Unione Triestina era riuscita a fermare la corsa del Grande Torino, fino a quel momento creduto inarrestabile.

«E ora chi ci ferma più?» esclamò il signor Giannini al figlio, abbracciandolo, mentre tutto lo stadio festeggiava i giocatori dell'Unione.

Euro osservò pieno d'orgoglio i compagni che salutavano i tifosi sugli spalti, e li ringraziavano del sostegno. C'erano Ivano Blason, terzino dal grande tiro, Enrico Radio, mediano tutta grinta, e Antonio Sessa, suo compagno di reparto.

Allora Euro strinse ancora una volta le mani a suo padre, e gli disse di tornare a casa senza di lui. Poi scese negli spogliatoi: aveva una gran voglia di festeggiare con la sua squadra!

Dopo quella partita, come aveva previsto il padre di Euro, la Triestina non si fermò. I ragazzi di Rocco mantennero il terzo posto in classifica – perso solo alla trentasettesima giornata di campionato, ma recuperato subito grazie alla vittoria sull'Alessandria e alla contemporanea sconfitta del Milan a Salerno – e poi, alla penultima, grazie al pareggio della Juve conquistarono il secondo posto a parimerito con il Milan.

Alla fine del campionato, le tre squadre arrivarono tutte a quota 49 punti. E il regolamento, che in caso di parità teneva conto del punteggio negli scontri diretti, consegnò il secondo posto alla Triestina. Fu il miglior piazzamento della sua storia.

Ma la squadra di Rocco quell'anno raggiunse anche un altro risultato altrettanto importante: rimase imbattuta in casa, ovvero vinse o pareggiò tutte le partite giocate nello stadio della sua città. E per molti ciò aveva un significato ancora più profondo: Trieste era divisa, ma nessuno poteva davvero violarla, né sconfiggerla.

Questo pensarono anche Euro e suo padre, prendendosi la mano.

13

CON GLI OCCHI DI UNA RAGAZZA

13 AGOSTO 1948

SVEZIA vs. JUGOSLAVIA

Carlotta afferrò l'agenda che papà le aveva lasciato sul tavolo, e si fiondò verso la porta. Il giorno che tanto aspettava era finalmente arrivato. Abbracciò svelta la mamma, salutò i tre fratelli più piccoli, poi scese in strada. Fece un lungo respiro, l'aria di Londra quel giorno le sembrò speciale in un modo che non sapeva spiegare.

Superò un cumulo di macerie, e si mise a correre con il cuore in gola. La prima parte del percorso la conosceva molto bene: si trattava dello stesso tragitto che faceva ogni giorno, prima della guerra, per andare alla scuola elementare.

Ci passò davanti. L'edificio era sventrato. Qualche mese prima ci era entrata con alcuni ex compagni di classe che l'avevano trascinata con loro. I bombardamenti non avevano risparmiato quasi nulla: Carlotta aveva riconosciuto solo il suo banco, perché in un angolino aveva scritto le iniziali del suo nome, talmente piccole che poteva vederle solo lei. CS. Carlotta Steele.

Suo papà si chiamava Norbert Steele, e faceva il giornalista per il «London Newspaper», uno dei più conosciuti quotidiani locali. La mamma, Rebecca Silverstone, era invece un'insegnante (e quando aveva saputo che la figlia tredicenne si era avventurata nel vecchio edificio scolastico centrato in pieno da una bomba tedesca l'aveva sgridata talmente tanto da farle passare la voglia di riprovarci).

Carlotta ci pensava spesso, agli anni spensierati prima della guerra. Ricordava l'eleganza di Londra, i teatri, i negozi, le carrozze, e i bambini che correvano per le vie del centro. E lei seduta alla scrivania di fianco a papà, nella sua redazione. Era lì che trascorreva i pomeriggi, durante le vacanze estive.

Evitò con un salto un blocco di cemento che sbarrava la strada finché finalmente vide i tendoni militari del villaggio olimpico. Eccoli, gli atleti.

Strinse l'agenda con forza, e proseguì.

Era il 13 agosto 1948. A tre anni dalla fine della Seconda guerra mondiale, la pace era ancora in bilico. Dalla guerra erano uscite vincitrici due grandi potenze, gli Stati Uniti d'America e l'Unione Sovietica, che avevano stretto alleanze con altri Paesi: le potenze occidentali si erano coalizzate con gli Usa, mentre gli Stati di ideologia comunista si erano schierati dalla parte dei sovietici. E non si trattava di accordi simbolici: sarebbe bastata una mossa troppo azzardata di una delle parti per fare scoppiare un'altra guerra!

Carlotta tutte queste cose le sapeva perché suo padre scriveva soprattutto di politica, e anche durante la guerra aveva continuato ad aggiornare i londinesi sulle notizie che arrivavano dal fronte. Quella mattina, invece, Norbert Steele era in piedi davanti al villaggio olimpico, dove i giocatori di Svezia e Jugoslavia si stavano preparando a giocare la finale del torneo di calcio, prevista per il pomeriggio.

Quando Carlotta lo raggiunse correndo, Norbert interruppe la conversazione con i colleghi per le presentazioni: «Lei è la mia unica figlia femmina» disse ai tre uomini che aveva davanti. «Vorrebbe seguire le memorabili orme di suo padre e diventare anche lei una reporter di grande successo e di fama mondiale» concluse ridendo.

«Dai, papà, smettila...» intervenne lei con una smorfia buffa, anche se si sentiva più felice che mai.

«Oggi mia figlia… ehm… la collega Carlotta Steele firmerà il primo pezzo della sua vita: scriverà la cronaca di Svezia-Jugoslavia vista con gli occhi di una…»

«Da un'angolazione diversa!» esclamò lei, interrompendolo di nuovo.

Sapeva che suo padre stava per dire la parola che lei non voleva più sentire: bambina. Andava sempre a finire così. A lui faceva piacere che la figlia si interessasse al suo lavoro, ma continuava a considerarla una bambina. Invece si sbagliava. E Carlotta aveva tutta l'intenzione di dimostrarglielo.

Estrasse l'agenda. «Sono pronta» disse con aria solenne.

Suo padre annuì. «E allora inizia a guardarti attorno. Segnati quello che ti incuriosisce, incrocia gli sguardi delle persone, cogli le loro reazioni. E poi scrivi, scrivi tutto.»

Carlotta esitò un attimo.

Poi il resto del mondo sparì. E scrisse.

SVEZIA-JUGOSLAVIA VISTA CON GLI OCCHI DI UNA RAGAZZA

Sono le 17.25 del 13 agosto 1948. È il penultimo giorno di gara dei Giochi Olimpici di Londra e finora è stato tutto davvero incredibile: ho visto un sacco di gare di discipline diverse, sono circondata da tanti colori e da persone che parlano lingue che non ho mai sentito... non mi sono annoiata nemmeno un momento, e sono ancora curiosa di scoprire che cosa succederà!

Insomma, secondo me ci vorrebbero più Olimpiadi, tutti i giorni!

Ora sugli spalti dello stadio di Wembley ci sono più di sessantamila persone (non le ho contate, me lo hanno detto!), oltre a quelle in campo. I calciatori sono proprio sotto la postazione dei giornalisti, che poi è dove mi trovo io. L'aria è elettrica e c'è odore di fumo, ma non è quello dei bombardamenti e delle esplosioni, grazie al cielo.

Ma attenzione: la fanfara è pronta, partono gli inni nazionali!

Il primo è quello jugoslavo: la fragorosa pioggia di fischi proveniente da ogni settore dello stadio è un chiaro segnale politico. O almeno così sta scrivendo il cronista alla mia destra, che si chiama Victor. Lo ringrazio per avermi poi spiegato meglio che cosa intendeva: la Jugoslavia si è schierata nel gruppo delle nazioni comuniste e filo-sovietiche, mentre gli inglesi stanno con gli Usa. Quindi, qui a Londra, il loro inno non è per niente gradito!

«Perciò questa non è una semplice partita di calcio» prosegue Victor, «è molto di più!»

Sono sbalordita: mi avevano raccontato che nell'antichità, in occasione dei giochi olimpici, venivano addirittura interrotte le guerre. Invece oggi pare proprio di no! Anzi, la tensione si sente ovunque, anche se lo sport dovrebbe unirci.

Avere le Olimpiadi qui a Londra però è un segnale, come dice mia nonna Margaret: organizzare questo evento in una città distrutta come questa è un modo per far capire a tutti che il mondo, e per primi gli inglesi, sono pronti a ricominciare. È un grande messaggio di speranza.

Anche se, secondo Victor, questi sono i Giochi più sottotono della storia. Per me sono i primi, perciò non saprei fare un paragone, ma lui ha assistito a quelli di Berlino nel 1936, e dice che c'erano celebrazioni e feste dappertutto: meglio del paese dei balocchi!

Ma ecco, ora tocca all'inno svedese, seguito da lunghi applausi. Che energia!

E, appena l'arbitro inglese William Ling fischia l'inizio della partita, dagli spalti arrivano tanti cori: «Sweden! Sweden!». Che boato!

Secondo Victor, adesso dovrei spiegare un po' come siamo arrivati fin qui, per cui ci provo.

Al torneo di calcio dei Giochi Olimpici di Londra 1948 hanno partecipato diciotto Paesi. Alcuni hanno fatto scelte strane, tipo l'Italia, che ha vinto il Mondiale nel 1934 e nel 1938 (grazie, papà, ma me lo ricordavo!) ed è fortissima, ma qui si è presentata con una bizzarra selezione di giovani e studenti scelti dall'allenatore Vittorio Pozzo, e si è fatta eliminare ai quarti di finale. Germania e Giappone, le due superpotenze uscite sconfitte dal conflitto, invece non sono state proprio invitate. Mentre atleti di altre nazioni, come l'Ungheria, non hanno potuto partecipare a causa delle conseguenze e delle difficoltà del dopoguerra. Ovviamente non c'è nemmeno l'Unione Sovietica, visto che siamo in Inghilterra... Quindi la Svezia è tra le favorite. Sia perché ha portato i giocatori migliori, sia perché ha un grande vantaggio: essendo rimasta neutrale, non ha vissuto la tragedia della guerra. Bombe, fame e tutto il resto.

Intanto in campo sono riuscita a individuare i tre svedesi del "Gre-No-Li". Gre sta per Gunnar Gren, il centrocampista chiamato "Il Professore". Pare che abbia una visione di gioco unica (o almeno è quello che ripete papà), cioè capisce bene quello che sta succedendo in partita e agisce prima di tutti. No invece è Nils Gunnar Nordahl, capocannoniere dell'Olimpiade con sette gol: è soprannominato "Il Pompiere" (non chiedetemi perché) ed è un centravanti fortissimo! A vederlo da qui sembra grande come una montagna. Il terzo, Li, è Nils Liedholm, un altro calciatore formidabile. Papà l'ha intervistato settimana scorsa:

dice che è un uomo dolcissimo e anche molto divertente. Lo so che una giornalista dovrebbe essere sempre imparziale, però è difficile non fare il tifo per lui!

Eccoli in azione: Nils prende palla, salta un avversario, poi la passa a un compagno, il difensore sbaglia l'intervento e... non ci credo! Goool!!!

Il Professore si è ritrovato sul piede destro un pallone che ha attraversato tutta l'area di rigore e lo ha calciato forte e preciso! Il portiere avversario Ljubomir Lovrić si è tuffato disperatamente sull'erba di Wembley, ma non c'è stato niente da fare: sono passati 24 minuti di gioco e la Svezia è in vantaggio 1-0.

È incredibile l'energia che c'è ora, la Jugoslavia si lancia subito all'attacco.

Il pallone arriva a Stjepan Bobek: lo controlla, lo calcia... gol! La Jugoslavia raggiunge il pareggio grazie a uno dei suoi giocatori più forti.

Poi l'arbitro fischia la fine del primo tempo. Respiro un attimo. Non pensavo fosse così difficile seguire una partita e intanto scrivere! Insomma, c'è un sacco da vedere e da raccontare.

Approfitto della pausa per guardarmi meglio intorno. Wembley oggi è davvero uno spettacolo. Il cielo è azzurro e si respira proprio l'aria di festa. Anche se ogni tanto mi sembra di avvertire le esplosioni delle bombe e sento tornare quella brutta tensione, adesso sto proprio bene. È la magia dello sport. E del calcio, che rende tutto più bello!

Ora però devo concentrarmi di nuovo sul campo, perché è ricominciata la partita.

Dopo pochi minuti ecco arrivare il momento di Nordahl, che segna con un tiro da fuori area: è veramente fortissimo, ogni volta che calcia fa gol! Al 67', invece, è ancora la volta di Gren, che manda in rete un calcio di rigore che secondo tutti i giornalisti era "nettissimo" (mi assicura Victor, che mi sta aiutando molto: io il fallo non l'ho visto perché stavo scrivendo!).

Comunque: 3-1 per la Svezia. Questa nazionale sembra veramente imbattibile: mi era addirittura venuto il sospetto che avesse ripreso il gioco in tredici, nel secondo tempo. Poi ho contato bene, e vi confermo che era solo un'impressione!

Ormai manca poco alla fine. Non avevo mai visto tante facce felici tutte insieme! Davanti a me dei tizi stanno già sventolando la bandiera gialla e blu, e i tifosi sugli spalti si alzano in piedi ogni volta che un giocatore della Svezia attacca.

Finché Victor urla: «È finita!!». Lo osservo mentre sorride e festeggia con i suoi colleghi in tribuna, anzi, i nostri colleghi, e penso a quanto sia forte la magia del calcio, e a quante emozioni sappia regalare.

Allora urlo pure io, abbandonando per un po' l'agenda: ora voglio proprio godermi lo spettacolo della festa. A breve gli svedesi avranno al collo una medaglia scintillante, e non vedo l'ora che il suo riflesso mi abbagli, come questa giornata che non dimenticherò mai.

E allora, cari amici...

Dallo stadio Wembley di Londra è tutto, un caro saluto a voi tutti.

Carlotta Steele

14

UNA SQUADRA SENZA CASA

20 DICEMBRE 1956

HONVÉD vs. ATHLETIC BILBAO

OR
432

Seduto sul divano del nonno, Simon si avvicinò alla foto così tanto che ci picchiò contro con la punta del naso.

«Ma dai nonno, sei davvero tu?»

L'immagine era sfuocata, in bianco e nero, e per giunta un po' ingiallita dal tempo. Ma che il calciatore immortalato nello scatto fosse un portiere... be', lo capiva anche lui. Solo che il nonno mica giocava in porta!

Zoltán piegò con cura il giornale che stava leggendo.

«In carne e ossa» confermò, prima di invitare il nipote a girare la foto e a leggere quello che era scritto nell'angolo in basso a destra.

«20 dicembre 1956» sussurrò Simon corrugando la fronte. Erano passati trent'anni.

Il nonno posò il giornale sul tavolino accanto al divano e fissò il nipote.

«In realtà qui in Ungheria tutto è cominciato prima, il 23 ottobre 1956 per l'esattezza. Ci fu una manifestazione pacifica organizzata da un gruppo di studenti e a cui anch'io partecipai. Protestavamo contro Mátyás Rákosi, il dittatore che in quegli anni guidava l'Ungheria ed esercitava il potere con violenza, arrestando o eliminando chi non la pensava come lui. Allora noi ragazzi ci radunammo, chiedendo che al suo posto ci fosse Imre Nagy, uno dei più grandi eroi della nostra storia... Nagy voleva un'Ungheria più libera, più democratica, perché neppure a lui piaceva l'influenza che l'Unione Sovietica esercitava sul Paese, sui cittadini, insomma su tutti noi, dalla fine della Seconda guerra mondiale. Però in realtà...»

Simon sbuffò interrompendo il nonno. «Sì, lo so: noi ungheresi facevamo parte del blocco sovietico, che era contro quello occidentale capeggiato dagli Stati Uniti... almeno stavolta lasciamo perdere la guerra fredda, ok? Non so come fai a ricordarti perfino le date così bene! A me piacciono le storie dei derby di calcio, casomai...»

Zoltán ridacchiò. Suo nipote era un tipetto sveglio, ma aveva poca pazienza. Sospirò, ripensando a quando i derby li giocava lui.

«D'accordo» rispose immergendosi nei ricordi. «Nel calcio di quegli anni spiccavano due grandi squadre: il fortissimo Real Madrid di Francisco Gento e Alfredo Di Stefano e poi noi, la Honvéd di Budapest.» Si fermò e tirò un bel respiro.

«Non starai per dire che eravate i più forti del mondo, vero?»

Simon lo fissava con quegli occhietti vispi scuri e il nonno non riuscì a rimanere serio.

«Esattamente» disse sorridendo. «Per non parlare della nostra nazionale ungherese! È stata un punto di riferimento per la tattica e l'organizzazione calcistica, tanto che molte squadre hanno poi cercato di imitarne il gioco e gli schemi... non a caso era composta quasi esclusivamente da giocatori dell'Honvéd come me!»

Zoltán si tolse gli occhiali e iniziò a pulirli con un panno, mentre proseguiva nel racconto. «Eravamo noi il nucleo dell'Ungheria che vinse le Olimpiadi nel 1952, e di quella che purtroppo due anni dopo venne sconfitta dalla Germania nella finale di Coppa del Mondo. Quella nazionale tra il 1950 e il 1954 vinse ben trentadue partite consecutive, e veniva proprio dall'Honvéd. Del resto siamo stati campioni d'Ungheria per cinque volte proprio negli anni Cinquanta» puntualizzò con orgoglio controllando le lenti.

«Però il Real vinse le prime cinque Coppe dei Campioni, no?»

Simon lo fissava attento e nonno Zoltán tirò fuori dalla busta un'altra foto e gliela porse. «Vero, ma non bastano le coppe vinte a stabilire chi fosse il più forte.»

Il ragazzino fissò lo scatto, quegli uomini sembravano appartenere a un passato lontanissimo.

«E poi se noi dell'Honvéd cercavamo di ribellarci al dominio del grande Real, il popolo ungherese voleva fare lo stesso nei confronti della Russia…»

Di nuovo Simon sbuffò. Zoltán sapeva bene che il nipote avrebbe preferito ascoltare altro, piuttosto che la storia della protesta ungherese. Ma lui aveva ancora nelle orecchie i cori degli studenti per strada, sempre più feroci, e il rumore dei fucili dei militari sovietici, sempre più numerosi. Perciò andò avanti.

«Era il 23 ottobre 1956» riprese mentre cercava altre foto. «Due giorni prima avevamo sconfitto il Vasas 2-1, ed eravamo a un passo dal sesto titolo in otto anni. Il campionato in Ungheria seguiva l'anno solare, quindi a ottobre stava già per finire, e per noi dell'Honvéd era un bene, perché da quel momento in poi potevamo concentrarci sul primo turno di Coppa dei Campioni. Così partimmo per l'Austria, per prepararci alla trasferta spagnola in casa dell'Athletic di Bilbao. Solo che poi...»

Nonno Zoltán posò alcuni scatti sulle ginocchia. «Ci arrivò in ritiro la notizia che l'Armata Rossa sovietica, con duecentomila uomini e quattromila carri armati, era entrata in Ungheria e aveva rovesciato il nuovo governo di Imre Nagy, che nel frattempo era riuscito a prendere il potere, eliminando una volta per tutte la dittatura di Mátyás Rákosi. O almeno così credevamo...» Allungò al nipote un'altra vecchia foto in bianco e nero: un uomo con gli occhiali tondi e i baffi scuri, dallo sguardo serio, guardava davanti a sé. «Eccolo, Imre Nagy: il simbolo della rivolta, colui che aveva cercato di avvicinare l'Ungheria al blocco dei Paesi occidentali. Purtroppo la repressione contro di lui e i suoi sostenitori fu spietata: il 9 novembre del 1956, dopo bombardamenti e rastrellamenti, l'Armata Rossa arrestò e giustiziò centinaia di studenti, lavoratori e intellettuali mentre duecentocinquantamila cittadini ungheresi abbandonavano il Paese. Chi decise di restare in patria, fu obbligato a schierarsi con l'Armata.»

«E tu da che parte stavi?» chiese Simon fissando l'uomo con i baffi scuri.

«Nessuno in squadra aveva il minimo dubbio su cosa fosse giusto fare» rispose Zoltán deciso. «E la cosa giusta da fare era schierarsi contro il regime di

Rákosi, e a favore della libertà! Ricordo che fu Ferenc Puskás, il nostro fuoriclasse all'Honvéd e nella nazionale ungherese, a parlare a nome di tutti noi, suoi compagni. Ferenc disse che nessuno sarebbe più tornato in Ungheria, almeno finché non fosse tornato a splendere il sole.» Il fuoco crepitava nel camino, e ogni tanto fiamme rosse si riflettevano negli occhi di Zoltán.

«Ma voi eravate la squadra dell'esercito! Me l'hai spiegato tu che Honvéd vuol dire difensore della patria!»

Lui annuì. «Tutto vero. L'Honvéd era supportata dal governo ungherese, ma a quel punto come potevamo giocare a nome di coloro che si erano macchiati di tutti quegli atroci delitti?» scosse la testa. «Così, dal momento che l'Ungheria non poteva più esserlo, l'Europa occidentale divenne la nostra casa. E gli incassi delle amichevoli che disputammo in giro per l'Europa ci permisero di sostenere le spese trovando alloggi di città in città.»

«Eravate un po' dei nomadi, insomma.»

Simon scorse con lo sguardo le fotografie ingiallite sparse davanti a lui come fossero petali della stessa margherita: in una c'era il nonno in Italia, in un'altra era immortalato in posa con i suoi compagni in Spagna, poi in Sud America, e in Portogallo, e ancora sorridente in Belgio, e poi in Austria. E sullo sfondo, spesso, si intravedevano gli spalti dello stadio pieni di migliaia di tifosi. Ciò che quegli scatti non mostravano, invece, era l'incubo che stava vivendo l'Ungheria, dove l'Armata Rossa continuava la repressione arrestando perfino parenti, conoscenti, e amici dei calciatori dell'Honvéd.

«Ma la Coppa dei Campioni?»

Il nonno fece un cenno con la mano e continuò a raccontare. Simon aveva ascoltato la sua storia, ma ora era arrivato il momento di parlare di calcio.

Proseguì. «La gara di ritorno tra Honvéd e Athletic Bilbao si sarebbe giocata a Bruxelles, il 20 dicembre del 1956, cioè meno di due mesi dopo lo scoppio della rivoluzione ungherese. All'andata, allo stadio San Mamés di Bilbao, i campioni di Spagna dell'Athletic Bilbao ci avevano sconfitto 3-2, perciò ora dovevamo ribaltare il risultato. E c'erano tutti i presupposti per riuscirci. Peccato che Lajos Faragó, il nostro insuperabile portiere, a un certo punto si fece male e dovette uscire. I cambi non esistevano ancora a quel tempo, perciò qualcuno di noi avrebbe dovuto sostituirlo in porta. E la scelta… cadde proprio su di me! Esatto, hai capito bene Simon. Ecco il perché di quella foto.»

Nonno Zoltán continuò a raccontare. A Bruxelles si giocò nel fango, e un nebbione infernale rendeva tutto ovattato. Lui riuscì comunque a parare, anzi, fu decisivo in più occasioni, tra lo stupore dei presenti. Però, a venti minuti dalla fine della partita, il risultato era comunque 1-3. D'altronde, giocando con un uomo in meno e un centrocampista in porta, sarebbe stato difficile fare di meglio.

Ma fu allora, quando ormai gli ungheresi non avevano più speranze, che Zoltán uscì dall'area di rigore con il pallone tra i piedi, lasciando la porta vuota e correndo come un matto verso la linea di metà campo, spericolato. Il "portiere volante" (come lo avrebbero chiamato poi) colse così di sorpresa i baschi, proprio come una piccola rivoluzione.

E così, l'Honvéd recuperò: al 78' Kocsis segnò il gol del 2-3 e quattro minuti dopo Ferenc Puskás di testa pareggiò.

«L'Honvéd era sempre più vicino alla qualificazione! Ma l'Athletic non voleva arrendersi, così i giocatori si schiacciarono nella loro area di rigore, difendendo il pareggio. Sembrava un assedio, più che una partita di calcio! Noi continuavamo ad attaccare a testa bassa, crossando, calciando verso la porta spagnola; ma l'Athletic resisteva, lottava, abbassandosi fino alla linea di porta. Così, quando l'arbitro fischiò la fine della partita, crollammo tutti a terra, esausti» concluse il nonno.

«Ma quindi... avete pareggiato! Nooo!» gridò Simon. «Significa che siete stati eliminati dalla Coppa dei Campioni!» Lo disse come se la sconfitta fosse arrivata in quel momento esatto, e bruciasse da morire.

Il nonno sorrise. «Già, ma te l'ho detto: vincere non è tutto!»

Simon si alzò dal divano: «Ma questa cosa di uscire dalla porta si può fare anche oggi?».

«Dipende... perché me lo chiedi? Tu non sei un portiere!» ribatté Zoltán, fissando con curiosità il nipote.

Il ragazzino ricambiò con un occhiolino. «Non ancora.»

Dopo quella partita, l'Honvéd venne dichiarata dalla Fifa una squadra "illegale" e i calciatori furono squalificati per un paio di stagioni. Nessuno, però, si pentì della scelta fatta. Anzi, nel frattempo molti di loro ebbero il coraggio di denunciare i fatti terribili che stavano accadendo in patria.

E, tempo dopo, in Ungheria il sole tornò a splendere.

15

CAMPIONI D'EUROPA

13 GIUGNO 1956

REAL MADRID vs. STADE DE REIMS

Jean e Robert arrivarono allo stadio a braccetto.

Immaginatevi la scena di un film: due uomini di mezza età che camminavano tra la folla in un calda serata di metà giugno, a Parigi... ma senza colori, perché era il 1956 e il film poteva essere solo in bianco e nero!

Già, un sacco di cose non esistevano ancora, anche nel calcio. L'inno della Champions League, ad esempio, e a dire il vero neppure la stessa Champions, che si chiamava ancora Coppa dei Campioni. Non c'erano le sostituzioni (i giocatori infortunati rimanevano in campo, anche zoppi), né i nomi sulle maglie o il divieto per il portiere di prendere i retropassaggi con le mani. E nemmeno le pay-tv.

Il calcio era un meraviglioso mondo in via di definizione. E l'Europa pure.

I due uomini furono guidati da un addetto alla sicurezza ai propri posti, in tribuna d'onore. Attorno a loro gli spalti erano tutti già pieni. Da qualche minuto le squadre erano entrate in campo per le ultime fasi del riscaldamento.

«C'è Alfredo Di Stefano!» disse Robert fissando un giocatore che si stava esercitando a calciare in porta. Lo spicchio di stadio occupato dai tifosi spagnoli esultava ogni volta che la palla entrava in rete, anche se la partita non era ancora iniziata.

«Dove? Ah, eccolo là!» Jean impugnò il monocolo, se lo portò agli occhi e lo indirizzò sul fuoriclasse del Real Madrid. Il Parco dei Principi era pieno di tifosi venuti apposta per lui.

Era il 13 giugno del 1956 e Real Madrid-Stade de Reims, la finale della prima edizione della Coppa dei Campioni, fu anche uno dei primi tasselli nella costruzione dell'Europa unita.

Avete presente la bandiera blu con le dodici stelle gialle? Aveva sventolato per la prima volta pochi mesi prima di questa partita. E non era passato moltissimo tempo da quando, nell'aprile del 1951, sei nazioni avevano firmato il trattato costitutivo della Ceca, cioè la Comunità Europea del Carbone e dell'Acciaio, il primo nucleo di quella che poi sarebbe diventata l'Unione Europea di oggi. Francesi, tedeschi e italiani, attraverso questa alleanza, avevano condiviso le proprie produzioni di acciaio e carbone, ma dietro all'accordo economico si nascondeva la volontà di unire Paesi che in guerra erano stati nemici, in nome della pace futura. E ciò era accaduto anche grazie a Jean e Robert.

Dovete infatti sapere che Jean e Robert erano due politici francesi.

Robert, che di cognome faceva Schuman, era vicino ai settant'anni. Durante la Seconda guerra mondiale era stato rinchiuso in un campo di prigionia, e dalla fine del conflitto aveva ricoperto ruoli sempre più importanti nel governo francese. Ma sarebbe passato alla storia soprattutto perché, nel maggio del 1950, a Parigi, da ministro degli Esteri della Francia aveva proposto ai colleghi di altri Paesi europei di stringere accordi di natura economica e commerciale. Quel discorso è conosciuto ancora oggi come "Dichiarazione Schuman", ed è considerato il primo passo verso l'integrazione europea (cercatelo, su YouTube: è un video molto emozionante). Per questo Robert è oggi ritenuto uno dei padri fondatori della UE.

E lo stesso si può dire di Jean, che invece di cognome faceva Monnet. Pure lui, pochi anni prima, aveva dichiarato che gli Stati europei erano troppo piccoli da soli, e che perciò era necessario si riunissero in una federazione.

Insomma, Jean e Robert la pensavano allo stesso modo sul futuro dell'Europa (e anche sul calcio, il più delle volte). E per questo, al Parco dei Principi di Parigi, sedevano in tribuna d'onore tra le alte cariche del Real Madrid – la squadra che rappresentava la monarchia spagnola – e quelle dello Stade de Reims (il nome magari non vi dice nulla, adesso, ma in quegli anni era probabilmente la miglior squadra francese, tant'è che aveva appena vinto il campionato).

I due strinsero la mano al danese Ebbe Schwartz, un uomo dallo sguardo sicuro e i cui occhi brillavano sempre, ma quel giorno più del solito: era nervoso ed emozionato come un diciottenne alla sua festa!

Due anni prima, Ebbe era stato uno dei fondatori della prima organizzazione calcistica europea, l'Uefa, di cui era anche il presidente. Se la Ceca voleva unire sotto un'unica bandiera le economie nazionali, l'Uefa puntava a fare qualcosa di simile nello sport: diventare l'istituzione incaricata di guidare tutto il movimento calcistico europeo. La Seconda guerra mondiale era finita da una decina d'anni, ormai, e pian piano in tanti ricominciavano a godersi momenti tranquilli e spensierati: al cinema, e naturalmente negli stadi.

Quelli erano gli anni del (Grande) Real Madrid di Alfredo Di Stefano, dell'Honvéd che incantava in Ungheria, del Milan del formidabile trio di attaccanti svedesi del Gre-No-Li e del Wolverhampton, che in Inghilterra avrebbe vinto il campionato per tre volte negli anni Cinquanta. Da un Paese all'altro dell'Europa, viaggiavano veloci i racconti delle grandi stelle del calcio europeo, e delle squadre più forti e spettacolari. E in tanti avevano cominciato a chiedersi quale fosse la migliore squadra d'Europa e se esisteva un modo per scoprirlo... quindi l'Uefa si era inventata questo nuovo torneo, la Coppa dei Campioni.

E così si era arrivati a quel giorno: alla prima finale nella storia della Coppa. Ed ecco anche perché Jean e Robert, quel pomeriggio, non sarebbero mancati per nulla al mondo.

«Allora, che ne pensate? Credete possa funzionare, questa Coppa dei Campioni?» domandò ai due Ebbe, senza mai smettere di guardarsi attorno.

«Be', perché no?»

«Non sembra niente male...» risposero loro. E chissà che cosa avrebbero detto se avessero saputo che spettacolo è diventata oggi la Champions League!

Intanto, in campo, Alfredo Di Stefano, che guidava l'attacco del Real Madrid, stava stringendo la mano a Raymond Kopa, il fuoriclasse dello Stade de Reims.

Poi l'arbitro inglese Arthur Edward Ellis fischiò l'inizio della partita. Jean Monnet si sedette, e Robert Schuman fece lo stesso accanto a lui.

Il Reims partì a mille. Dopo appena sei minuti, il centrocampista francese Léon Glowacki pescò all'interno dell'area di rigore il suo compagno Michel Leblond, che prima controllò la palla, e poi la calciò alle spalle del portiere Juan Alonso: 0-1.

Trascorsero quattro minuti, e Juan Alonso non riuscì ad afferrare un pallone che spioveva lentamente dall'alto. Il francese Templin, a pochi passi da lui, ne approfittò, infilandolo con la punta del piede nella porta vuota. Al decimo minuto, i francesi erano già avanti 0-2.

«Viva l'Europa!» si lasciò sfuggire Robert esultante.

Ebbe annuì. «Che grande idea è stata!» urlò poi, lasciandosi andare.

E aveva ragione: aveva contribuito a raccogliere in un unico, grande torneo il meglio del calcio europeo. O quasi. Perché, come era già successo al Mondiale del 1930, il Chelsea aveva deciso di disertare la Coppa dei Campioni, e per lo stesso motivo di allora: gli inglesi avevano inventato il calcio, e non si sarebbero abbassati a giocare con i loro allievi!

Robert si allungò verso la fila di seggiolini davanti a lui, dove era seduto il numero uno dell'Uefa. «Ma gli inglesi cambieranno mai idea?» chiese.

Ma proprio in quel momento... «Occhio a Di Stefano!» urlò Jean.

Grazie a un destro scoccato dal dischetto del rigore, il fuoriclasse del Real aveva segnato il gol del 2-1.

Poco prima dell'intervallo, un preciso colpo di testa dell'argentino José Héctor Rial portò il risultato sul 2-2. La partita si stava rivelando piena di occasioni e colpi di scena!

Quando l'arbitro fischiò l'inizio della ripresa, lo Stade de Reims partì all'attacco. E al 62', Michel Hidalgo (che poi sarebbe diventato il commissario tecnico della nazionale francese campione d'Europa nel 1984, nonché il teorico del "Calcio Champagne", ovvero un gioco offensivo, spettacolare e spregiudicato) raccolse un cross nel cuore dell'area di rigore e, con una torsione perfetta, batté il portiere spagnolo. Il Reims era di nuovo in vantaggio: 2-3.

Il Real Madrid non si lasciò scoraggiare e nei minuti successivi guadagnò una serie infinita di corner e punizioni. Dopo una delle tante incursioni dentro l'area di rigore del Reims, il pallone terminò sul piede del difensore Marquitos, che lo calciò alle spalle del portiere francese René Jacquet. 3-3!

I quasi quarantamila tifosi presenti al Parco dei Principi erano in delirio.

Ma fu solo al 79' che, con un tiro effettuato da poco più di un metro dalla linea di porta, il madridista José Héctor Rial fissò il risultato definitivo, facendo esplodere la gioia dei tifosi spagnoli: 4-3 per il Real (che negli anni successivi si sarebbe aggiudicato il torneo per altre quattro volte di fila).

A fine partita il capitano del Real Madrid, Miguel Muñoz, ricevette il trofeo direttamente dalle mani di Ebbe. E, per la prima volta, la Coppa dei Campioni venne alzata verso il cielo.

L'Europa stava cambiando. Si avvicinava a piccoli passi verso un futuro più unito. E l'Uefa pure: già dalla stagione successiva altre cinque nazioni, tra cui l'Inghilterra, avrebbero garantito la partecipazione di un loro club alla Coppa dei Campioni. E nel 1966 le squadre sarebbero arrivate a rappresentare 32 nazioni, inclusa l'Unione Sovietica.

16

IN ONORE DEI BUSBY BABES

29 MAGGIO 1968

MANCHESTER UNITED vs. BENFICA

UNITED

I gemelli entrarono in salotto rincorrendosi. Tommy strattonava Dana che gli stava riempiendo di pizzicotti il braccio. Ma si immobilizzarono appena notarono papà Alan: se ne stava in piedi, immobile, davanti alla libreria.

«Papà?» mormorò Dana avvicinandosi.

«Scusate, ragazzi... Ogni volta mi fa questo effetto» mormorò lui, voltandosi con gli occhi lucidi.

Nel ripiano più alto c'era una foto, circondata da una sciarpa e una bandiera, entrambe d'un rosso intenso puntellato di giallo. I colori del Manchester United.

Alan lavorava nell'area portuale di Manchester, e tifava per lo United da sempre. Non a caso aveva trasmesso quella passione ai gemelli, che da quando avevano sette anni non si perdevano una partita casalinga nel mitico stadio di Old Trafford.

A marzo, Tommy e Dana avevano compiuto dieci anni. Erano nati a un mese circa di distanza da quel maledetto 6 febbraio 1958, il giorno in cui otto giocatori del Manchester United – li chiamavano Busby Babes: Busby come il nome del loro allenatore, Babes perché erano tutti molto giovani – erano rimasti vittima di un incidente aereo nei pressi di Monaco di Baviera, di ritorno da Belgrado, dove avevano appena giocato un quarto di finale di Coppa dei Campioni. Quella sera si era scatenata una terribile tempesta di neve che aveva causato il disastro. Alcuni giocatori si erano salvati, come Robert Charlton, detto Bobby, e l'allenatore Matt Busby, rimasto però gravemente ferito. Tra chi non ce l'aveva fatta, invece, c'erano Tommy Taylor e Duncan Edwards, due dei calciatori inglesi più forti della storia: la foto sulla mensola li raffigurava in uno degli ultimi scatti prima dell'incidente.

Ed era proprio in loro onore che Alan e la moglie Beth, anche lei grandissima tifosa dello United, avevano deciso di chiamare i due gemelli che stavano per nascere: Tommy e… be', il secondo era una femmina, così Duncan era diventato Dana.

Alan e Beth avevano raccontato ai gemelli la storia dei Busby Babes, commossi, almeno mille volte, ma ora avevano in serbo per loro una sorpresa: quattro biglietti per assistere dal vivo alla finale di Coppa dei Campioni che si sarebbe disputata qualche giorno dopo. Manchester United contro Benfica!

«Mamma, sarà una grande partita!» disse Tommy abbracciando per la gioia Beth, che li aveva appena raggiunti in salotto.

«Certo, tesoro. Ne sono convinta.»

Anche Alan annuì.

Quella sarebbe stata una finale speciale, nessuno di loro aveva dubbi. Se non ci fosse stato quel maledetto incidente, i Busby Babes avrebbero vinto il trofeo nel 1958 e forse anche negli anni a venire. Ma ora, finalmente, la squadra aveva di nuovo l'occasione di farcela. In loro onore.

Quando la tempesta si era portata via tanti Busby Babes, gran parte del mondo si trovava già da tempo coinvolta nella guerra fredda, un conflitto combattuto senza armi tra due grandi blocchi guidati dagli Stati Uniti, da una parte, e dall'Unione Sovietica, dall'altra. Guerra che nel 1968 era ancora ben lontana dal concludersi.

In pratica le due grandi potenze mondiali si sfidavano di continuo cercando di dimostrare la propria superiorità. In tutti i campi.

Nel 1959, per esempio, l'Unione Sovietica aveva lanciato la sfida alla conquista della Luna: il 14 settembre la sonda sovietica Luna 2 aveva impattato con la superficie lunare per la prima volta, stabilendo il primato russo in fatto di esplorazione spaziale.

Ma lo scontro in quegli anni aveva trovato anche un terreno di battaglia concreto: un vero e proprio conflitto armato, anche se non combattuto direttamente dai due Paesi. Nel 1955, infatti, in Vietnam era scoppiata una guerra tra il Nord e il Sud, il primo appoggiato dall'Unione Sovietica e dalla Cina, il secondo dal governo americano. A sostegno del Sud, tra l'inizio degli anni Sessanta e il 1972, gli Stati Uniti avrebbero inviato sul fronte centinaia di migliaia di soldati, molti dei quali non sarebbero mai tornati a casa. E le vittime civili, al termine della guerra, sarebbero state milioni.

Perciò, già nel 1968, tantissime persone decisero di mobilitarsi per convincere i propri governi a porre fine al conflitto. Fu così che nel maggio di quell'anno studenti, professionisti, reduci e naturalmente gli hippy (i cosiddetti "figli dei fiori") manifestarono pacificamente in piazza, in tutto il mondo, contro la guerra del Vietnam.

E alla fine di quel mese così movimentato passato alla storia, per l'esattezza il 29, il Manchester United sarebbe sceso in campo con un unico obiettivo: vincere in onore dei Busby Babes.

Il giorno della partita, allo stadio di Wembley si radunarono centomila spettatori. Tra loro c'erano naturalmente anche Beth, Alan e i gemelli Dana e Tommy. I ragazzini, che due ore prima del fischio d'inizio erano già seduti ai loro posti, si sentivano abbagliati da tutti quei colori, dall'aria di festa, dall'eccitazione che si respirava tra i tifosi.

Si guardarono attorno: c'era gente di ogni età, uomini e donne, tutti uniti da una straripante passione per il calcio. Alcuni tifosi, a pochi posti da loro, sorreggevano un cartello con la scritta "Stop the war".

«"Ferma la guerra"? Che cosa intendono?» chiese Tommy, notando che qualche fila più in alto c'era un altro cartello simile.

«Vogliono che la guerra in Vietnam finisca, giusto?» rispose Dana prima di tutti, infilandosi nella conversazione.

Alan annuì, e per un attimo il suo viso perse l'espressione gioiosa che aveva sempre quando si trovava allo stadio. Anche se si stava combattendo a tanti chilometri di distanza dall'Inghilterra, lui e Beth a casa ne parlavano spesso: quel conflitto stava uccidendo migliaia di giovani poco più grandi dei loro figli.

«Mamma, hai un pennarello?» chiese d'improvviso la ragazzina.

Ma Beth, sorpresa, le disse di no. Peccato! Anche Dana avrebbe voluto aggiungere un pensiero contro la guerra sul cartello che teneva in mano: l'aveva preparato il giorno prima, scrivendo a caratteri cubitali i nomi dei suoi giocatori preferiti, e non vedeva l'ora di mostrarlo appena il campo si fosse animato.

E quel momento arrivò in un baleno.

Quando Tommy e Dana videro entrare le squadre, non riuscirono nemmeno a distinguere il battito del loro cuore da quello dei tamburi.

Il Manchester United indossava la maglia blu. Matt Busby, che dopo essere scampato al disastro aveva continuato ad allenare la squadra, si avviò verso la panchina. Al centro della difesa c'era Bill Foulkes: dieci anni prima l'aereo gli si era letteralmente spezzato sotto i piedi, ma – nessuno sa come – era riuscito a salvarsi. Poi c'erano Bobby Charlton (anche lui tra i fortunati sopravvissuti), che aveva preso posizione in mezzo al campo e, qualche metro dietro di lui, George Best, considerato il fuoriclasse della squadra. Non a caso sia Dana sia Tommy indossavano la sua maglia, ma rossa, con il numero 7. Aveva le basette lunghe e lo sguardo da "bello e dannato", eppure in campo correva veloce come il vento.

La stella del Benfica, invece, era Eusébio: un attaccante portoghese di origine africana soprannominato la "Perla Nera". Un bell'esempio di integrazione in anni in cui il colore della pelle, purtroppo, era ancora motivo di discriminazione (pensate che proprio nel 1968, poco meno di due mesi prima, negli Stati Uniti era stato assassinato Martin Luther King, leader del movimento per i diritti civili degli afroamericani).

«Guarda, mamma, ci siamo!» gridò all'improvviso Dana, indicando il centro del campo.

La finale stava cominciando.

Durante il primo tempo non successe nulla di particolare, ma questo non fece perdere l'entusiasmo ai gemelli: per loro guardare la partita dal vivo, sugli spalti, era sempre divertente ed emozionante. Non smisero un momento di fare domande ai genitori e di commentare tra loro quello che accadeva, dentro e fuori dal campo.

Nel secondo tempo, però, la sfida divenne davvero meravigliosa!

Al 53' Bobby Charlton sfiorò con la testa quasi del tutto pelata un cross, indirizzandolo nell'angolino basso della porta. Il portiere portoghese non poté proprio arrivarci: 1-0! In tribuna Alan schizzò in piedi e afferrò Tommy come fosse un trofeo, sollevandolo in aria mentre Dana e Beth saltavano e urlavano per la gioia. Intanto in campo Bobby veniva sommerso dagli abbracci dei compagni. Per loro e per tanti tifosi che esultavano sugli spalti era come se in campo ci fossero anche i mitici Busby Babes.

Poi, nei minuti successivi, il Manchester United ebbe più volte la possibilità di raddoppiare e il Benfica di pareggiare. Delle due, accadde la seconda: il centrocampista portoghese Jaime Graça si ritrovò il pallone a pochi passi dal piede, in piena area di rigore. Calciò con così tanta forza e potenza che il portiere inglese Alex Stepney poté soltanto osservare il pallone che entrava in porta. Il fischio dell'arbitro italiano Concetto Lo Bello decretò l'1-1. Per il Manchester United era tutto da rifare.

I giocatori erano distrutti, ma bisognava andare ai tempi supplementari.

Matt Busby camminò in mezzo ai suoi, in attesa della ripresa. Li fissò negli occhi, uno a uno. Non servivano parole in quel momento: ogni singolo giocatore del Manchester United e ogni singolo tifoso stavano pensando ai Busby Babes. Era per loro che dovevano vincere!

Quando la partita ricominciò, il Benfica partì meglio. Ma poi George Best raccolse il lungo rinvio del suo portiere, con un tocco furbo riuscì a evitare l'intervento dell'ultimo difensore portoghese, e si ritrovò davanti al portiere del Benfica. Mentre tutti i tifosi del Manchester United si alzavano in piedi – a Wembley e nelle loro case, davanti alla tv – George finse di andare a destra, poi si mosse nella direzione opposta, dribblando l'avversario e ritrovandosi così a pochi metri dalla porta vuota, completamente solo!

«Goool!» urlò Tommy.

E George diede ragione al ragazzino: calciò e mandò il pallone in rete. 2-1!

Ormai non c'era più partita, e infatti il Manchester segnò altri due gol nel giro di pochissimi minuti con Brian Kidd e ancora Bobby Charlton.

Con un indimenticabile 4-1, lo United aveva messo le mani sulla prima Coppa dei Campioni della sua storia. Alan guardò verso il cielo, e con lui Beth, e poi a seguire anche Tommy e Dana. Quella coppa l'avevano vinta due squadre: il Manchester United del 1968 e quello del 1958.

17

UNA RIVOLUZIONE TOTALE

30 MAGGIO 1973

AJAX vs. JUVENTUS

Quella sera Rinus Michels rientrò in gran fretta nella sua casa di Barcellona e andò dritto in camera da letto. Aveva quarantacinque anni, i capelli tenuti all'indietro dal gel, e una mascella forte e pronunciata che gli dava un'aria un po' burbera. Era soprannominato "il Generale", ma in realtà aveva un cuore d'oro.

Voleva indossare la sua vecchia divisa bianca e rossa, la tuta con cui aveva allenato la squadra olandese dell'Ajax prima di trasferirsi in Spagna. La teneva in uno scatolone insieme a qualche gagliardetto e a una dozzina di fotografie. La tirò fuori dall'armadio e dal suo interno pescò anche un foglio, quel foglio che un tempo lui stesso aveva attaccato al muro dello spogliatoio dell'Ajax. Sopra ci aveva scritto le regole fondamentali che i suoi giocatori dovevano osservare, sempre. E nessuno osava contraddirlo, credetemi! La prima era: "Dove serve fermezza ci vuole rigore" (ve l'avevo detto che lo chiamavano "il Generale"!). "Dove serve fantasia dev'esserci massima libertà d'invenzione" era la seconda (vi avevo detto pure che aveva un cuore d'oro).

Dovete sapere che Rinus era stato un attaccante dell'Ajax e poi, a fine carriera, a soli trentasette anni, ne era diventato allenatore. Aveva idee geniali e metodi un po' bruschi: sottoponeva i giocatori ad allenamenti durissimi, e a causa dei suoi modi rudi era temuto soprattutto dai più giovani, tra cui Johan Cruijff, Rob Rensenbrink, Ruud Krol, Johan Neeskens. Avevano tutti i capelli lunghi e una grande voglia di conquistare il mondo.

Rinus ripose lo scatolone, indossò la tuta, poi andò in cucina e prese dal frigorifero la sua birra preferita. Ora non mancava proprio niente: era pronto a godersi Ajax-Juventus, la finale di Coppa dei Campioni che si sarebbe svolta a Belgrado, nell'allora Jugoslavia. Diede un bacio frettoloso alla moglie Will e si piazzò sulla poltrona. Era il 30 maggio 1973.

Quando accese la tv, le telecamere stavano inquadrando la Juventus. Rinus riconobbe l'allenatore ceco dei bianconeri, Čestmír Vycpálek, la mascella robusta di Fabio Capello (che era anche centrocampista della nazionale italiana), poi i capelli neri di Roberto Bettega, detto "Bobby Gol" perché segnava in continuazione. Ed ecco il brasiliano José Altafini, che la Coppa dei Campioni l'aveva già vinta con il Milan dieci anni prima, e la velocissima ala destra Franco Causio, che per quell'occasione si era tagliato i baffoni neri e folti. Tutti si riscaldavano in mezzo al campo.

Poi, finalmente, furono ripresi anche i calciatori dell'Ajax. E Rinus cercò subito con lo sguardo il giocatore che più di tutti lo aveva aiutato a rendere quella squadra invincibile: Johan Cruijff. In quel momento il capitano stava battendo le mani per incitare i compagni. Rinus alzò la birra che teneva in mano: «Alla tua!» disse all'amico dal salotto di casa, e buttò giù un sorso.

In effetti lui e Johan avevano cambiato la storia di quello sport. E non è un modo di dire, l'avevano fatto davvero inventandosi il *Totaalvoetbal*, cioè il "calcio totale". Era un nuovo modo di intendere il calcio: quando l'Ajax perdeva palla, i giocatori dovevano riconquistarla a ogni costo, per poi tornare subito all'attacco come un esercito di bisonti. Rinus infatti aveva le idee chiare: i suoi calciatori dovevano correre alla velocità della luce, giocare il pallone con grande classe, e occupare ogni centimetro quadrato di campo per non lasciare spazio agli avversari. Non solo, ogni giocatore doveva essere in grado di ricoprire tutti i ruoli: attaccare, difendere, passare, scartare, tirare… anche parare, se necessario.

E il suo metodo aveva funzionato, perché l'Ajax del calcio totale, l'Ajax di Rinus e Johan, è considerata ancora oggi la più grande squadra di calcio di tutti i tempi.

Rinus, però, sognava di diffondere la sua rivoluzionaria idea di gioco anche altrove. Così, lasciata la panchina dell'Ajax, stava tentando di portarla nel club spagnolo del Barcellona. Perché anche in Spagna sognavano la rivoluzione, e non solo in campo: dalla fine della guerra civile che aveva piegato il Paese tra il 1936 e il 1939, e perciò da circa quarant'anni, al potere c'era il durissimo generale Francisco Franco, detto "il Caudillo", un termine non troppo diverso dal Duce del Fascismo italiano, oppure dal Führer del Nazismo tedesco.

«Per rivoluzionare il Barcellona ho bisogno di te, caro Johan!» disse Rinus appoggiando i talloni sul tavolino davanti alla tv.

Intanto sullo schermo veniva mostrato il replay del primo dribbling del suo pupillo. Johan era letteralmente immarcabile, soprattutto quando si esibiva nella finta che portava il suo nome, la "Cruyff Turn".

Immaginate la scena: con un colpo di tacco passava la palla dietro la gamba portante e superava l'avversario, che nella maggior parte dei casi finiva… con il sedere per terra!

Juventus-Ajax era iniziata da appena due minuti e gli olandesi, che avevano già vinto la Coppa dei Campioni nei due anni precedenti, attaccavano a testa bassa. Il tedesco Horst Blankenburg, l'unico straniero nella rosa olandese, calciò un pallone alto verso il centro dell'area di rigore, proprio dov'era appostato Johnny Rep, un biondino ventunenne dal capello lungo e gli occhi azzurri (per il quale, ovviamente, impazzivano tantissime tifose). Johnny saltò di testa, più in alto che poté, forse appoggiandosi un po' troppo sul suo marcatore, il difensore della Juventus Silvio Longobucco, che non riuscì a opporsi. Così il pallone prese una traiettoria strana, tracciando una sorta di arcobaleno arancione che andò a finire all'incrocio dei pali. Il super portiere Dino Zoff tentò di parare, ma la palla finì in rete: 1-0.

I tifosi olandesi presenti allo stadio alzarono le braccia al cielo. Lo stesso fecero le mogli e le fidanzate dei calciatori dell'Ajax, che furono subito inquadrate dalle telecamere. Rinus ne riconobbe qualcuna e sorrise.

Mentre la Juventus (che pochi giorni prima avevano conquistato il secondo scudetto consecutivo) era arrivata a Belgrado in larghissimo anticipo per preparare la partita nel più totale isolamento, i giocatori della sua ex squadra, l'Ajax, si erano presentati all'ultimo, insieme a mogli e fidanzate, con vestiti colorati e i capelli lunghi da rockstar. Sarebbe stato impossibile non notarli e non riconoscerli! E anche il loro calcio era inconfondibile, così allegro e spensierato. L'Olanda era sotto tutti i punti di vista un'isola felice, nell'Europa di quegli anni.

Mentre Rinus era preso da questi pensieri, in campo, trascinato dalla classe e dalla regia di Johan, l'Ajax obbligò per ben due volte al miracolo Dino Zoff, che riuscì a salvare la porta della Juventus. Ma gli olandesi mantenevano il possesso del pallone e, anche nelle rare occasioni in cui i bianconeri riuscivano ad attaccare, il portiere olandese Heinz Stuy si faceva trovare pronto.

Ormai sul finire del primo tempo, Cruijff si inventò un controllo sensazionale, e servì al centro dell'area piccola un pallone d'oro per Johnny Rep, che però era esausto: anche se a pochi passi dalla linea di porta e tutto solo, colpì malissimo il pallone, un po' col petto, un po' con la coscia, mandandolo sul fondo.

La prima frazione si concluse dunque con l'Ajax in vantaggio di un gol. E anche se nel secondo tempo entrambe le squadre sfiorarono il gol – la Juve con una conclusione ravvicinata di Altafini respinta dall'estremo difensore, e l'Ajax con Barry Hulshoff, il difensore barbutissimo e gigante che anticipò di testa Dino Zoff, ma poi colpì la parte superiore della traversa – al fischio finale il risultato era sempre di 1-0: l'Ajax aveva sconfitto la Juventus, conquistando la sua terza Coppa dei Campioni di fila.

Rinus bevve l'ultimo sorso di birra mentre sullo schermo Johan sollevava la coppa. E sorrise, felice: all'Ajax nessuno sembrava aver dimenticato le rivoluzionarie idee di gioco che lui stesso aveva contribuito a creare! E che avevano portato, per l'ennesima volta, la squadra alla vittoria.

Dopo quella partita, Johan Cruijff concluse la stagione all'Ajax, per poi passare al Barcellona e ricongiungersi al suo amico e maestro Rinus. Non fu una scelta facile, ma la riapertura del campionato spagnolo ai calciatori stranieri lo convinse: senza dubbio era la decisione giusta da prendere. E per il calcio spagnolo fu un colpo sensazionale, in un momento in cui il Paese stesso si apprestava a rinascere.

Infatti la Spagna, rimasta durante il regime di Franco isolata per anni dal resto del mondo, nel 1975 sarebbe finalmente uscita dall'ombra della dittatura. E lo stesso sarebbe accaduto anche a Grecia e Portogallo, che nel 1974 ritornarono alla democrazia.

In Europa, insomma, stavano finalmente crollando alcune dittature del dopoguerra. E questo accadeva soprattutto grazie all'impegno civile e alla consapevolezza dei giovani, delle nuove generazioni assetate di libertà e stufe delle imposizioni subite per lungo tempo.

Un po' come avevano fatto a modo loro, nel gioco del calcio, Rinus e Johan, rivoluzionando per sempre questo sport e dimostrando a tutti che le idee originali e innovative possono davvero cambiare le cose. Ovunque.

18

LA BOMBA

20 MARZO 1977

VERONA vs. JUVENTUS

Alberto giocava nelle giovanili del Verona, perciò spesso la domenica lo chiamavano a fare il raccattapalle al Marcantonio Bentegodi, lo stadio della città. Frequentava le scuole medie e, in particolare nelle ore di geografia e storia (che proprio non gli passavano mai!), fantasticava di continuo su chi avrebbe visto dal vivo nel fine settimana. Conosceva i nomi di tutti i giocatori della Serie A, e qualcuno non solo lo aveva potuto osservare da vicino, ma era riuscito addirittura a salutarlo!

Fu proprio una di quelle domeniche pomeriggio, e per la precisione il 20 marzo 1977, che Alberto notò qualcosa di strano.

«Guardate lì! Che cos'è quello?» esclamò all'improvviso rivolgendosi agli altri raccattapalle, disposti lungo la pista di atletica che separava il campo dagli spalti. Con il dito indicava un oggetto sferico del diametro di pochi centimetri che si trovava a qualche metro da lui, sulla pista.

«Non è nulla...» sbottò uno di loro, tornando a guardare il campo, dove da qualche minuto si stavano riscaldando i giocatori di Verona e Juventus.

Alberto era perplesso, però.

«Mi sa che l'hanno lanciato dall'alto» gli disse avvicinandosi Simona, una ragazzina dai capelli riccissimi che faceva la raccattapalle poco più in là.

Anche lui aveva visto volare in aria un oggetto, ora che ci pensava. Già, ma cosa poteva essere? Accadeva, ogni tanto, che qualche tifoso tirasse oggetti in campo: un aeroplanino di carta nella migliore delle ipotesi, altre volte una monetina o un accendino, ma poteva accadere anche di peggio. E questa volta...

Alberto prese coraggio e si avvicinò.

«Mamma mia! È...» la sua voce si fece acuta, mentre nella mente già si immaginava una scena terribile. «... UNA BOMBA!!!»

Al suono di quella parola, lungo la pista d'atletica dello stadio Marcantonio Bentegodi in un attimo si scatenò il panico. Alcuni ragazzi scapparono il più lontano possibile, mettendosi al riparo nel tunnel che dal campo conduceva agli spogliatoi. Alberto e Simona, invece, indietreggiarono giusto di qualche passo.

Incredibilmente, nessuno tra i calciatori si era accorto di nulla. E nemmeno i tifosi, troppo presi a guardare Gaetano Scirea, Roberto Bettega, Gianfranco Zigoni... solo per citare alcuni dei giocatori in campo in quel momento.

«Sembra proprio una bomba a mano dell'esercito» aggiunse Alberto, in un bisbiglio.

«E tu cosa ne sai?» lo inchiodò Simona, pentendosi subito del tono duro. «Scusami» aggiunse. «Sono un po' agitata.»

Alberto le fece un cenno, come a dire: "È una lunga storia". Sapeva perfettamente ciò che stava provando la ragazza. Lui faticava perfino a parlare, dalla tensione che sentiva addosso. Ma era certo che si trattasse di una bomba, perché suo padre lavorava nell'esercito. E in quegli anni, di bombe e di luoghi devastati dalle esplosioni, suo papà ne aveva visti parecchi...

In Italia, infatti, il periodo tra la fine degli anni Sessanta e l'inizio degli Ottanta è soprannominato "gli anni di piombo", il materiale di cui sono fatte le pallottole. E questo perché il nostro Paese visse un'epoca di omicidi, attentati in luoghi pubblici e affollati come banche e stazioni ferroviarie, oltre a sparatorie e scontri nelle strade. Gli italiani, insomma, si erano abituati ad avere paura.

Ma perché? Si trattava di una strategia ben precisa, definita appunto "strategia del terrore", che aveva un solo obiettivo: creare scompiglio tra le persone e le istituzioni, affinché in Italia ci fosse una svolta politica, ovvero cambiasse il governo.

E proprio nel 1977 la lotta si fece ancora più violenta che negli anni precedenti. Soprattutto nelle principali città fu il caos. Le manifestazioni e le contestazioni studentesche da pacifiche si fecero sempre più violente, talvolta degenerando in guerriglia, con l'uso di molotov, pistole e bombe a mano. Aumentarono poi i sequestri di persona, che fruttavano ricchi riscatti. Quindicimila persone vennero arrestate e centinaia persero la vita o rimasero gravemente ferite.

Perciò, al pari di molti altri posti, anche gli stadi non erano più luoghi sicuri.

Alberto si era fatto coraggio e stava provando ad avvicinarsi ancora un po', quando...

«Via, via! Toglietevi di mezzo!» gridò un uomo, allontanando il ragazzo dall'ordigno con un braccio.

Era il questore di Verona, il dottor Antonio Pirella, seguito da alcuni dei suoi uomini. Il gruppo notò subito che si trattava di una vera bomba a mano, e che una delle due sicure era stata disattivata. Quindi, per prima cosa si accertò che l'altra fosse a posto: era molto importante, perché significava che non c'era il rischio che l'ordigno potesse scoppiare in mano a qualcuno.

«Sotterratela!» ordinò ai suoi il dottor Pirella.

«Sotterrarla?! E dove, questore? Qui ci sono solo la pista d'atletica e il campo!» domandò un poliziotto, pallidissimo.

«Mettetela lì, e poi copritela con qualche materasso» spiegò Pirella, indicando la buca del salto con l'asta, cioè il punto in cui il saltatore appoggia l'asta, durante le gare, per prendere l'elevazione. Poi aggiunse: «Nel caso dovesse esplodere, almeno limiteremo i danni!».

Così fu, e nessuno ne venne messo al corrente: né i giocatori, né il pubblico. Se lo speaker avesse comunicato a tutti di lasciare urgentemente lo stadio, secondo il questore sarebbe scoppiato il finimondo, e i problemi di ordine pubblico sarebbero stati ingestibili.

Fu così che Verona-Juventus, il 20 marzo 1977, si giocò a pochi metri da una bomba inesplosa dell'esercito, nascosta in una buca dietro una delle due porte...

Fino a quel momento, la stagione sportiva 1976/77 era stata caratterizzata da un memorabile duello tra Juventus e Torino per la prima posizione. Il Torino era campione d'Italia in carica, mentre la Juve aveva da poco subito una grossa rivoluzione: il presidente Boniperti aveva affidato la panchina a un giovane allenatore dagli occhi e le idee chiare, di nome Giovanni Trapattoni.

Il 6 febbraio, Juventus e Torino avevano concluso il girone d'andata a pari punti. Era un campionato così equilibrato che azzardare un pronostico su come si sarebbe concluso sembrava impossibile: chi avrebbe vinto? L'entusiasmo dei tifosi era alle stelle; allo stadio, in casa o in trasferta, seguivano col cuore in gola i granata e i bianconeri.

E anche quel giorno, a Verona c'era il pienone: cinquantamila tifosi riempivano lo stadio Marcantonio Bentegodi per Verona-Juventus: appena l'arbitro Michelotti portò il fischietto alla bocca per dare il via alla partita, iniziarono a scandire cori per la loro squadra del cuore.

Del tutto ignaro (ormai lo sapete) che a pochi passi dalla sua area di rigore fosse stato lanciato un ordigno, il portiere bianconero Dino Zoff batté i tacchetti delle scarpe contro il palo, per ripulirli dalla terra rimasta attaccata. Proprio come lui, nessun giocatore in campo, quel giorno, ebbe paura... o meglio: si spaventò un po' la Juve, quando alla fine del secondo tempo l'attaccante del Verona Carlo Petrini si ritrovò sulla testa un pallone che chiedeva soltanto di essere appoggiato in porta!

A servirgli quella palla era stato il fantasista Zigo-gol, ovvero Gianfranco Zigoni, un veneto dai lunghi capelli mossi, il mento allungato e le basette folte (come usava all'epoca). Uno dei giocatori più talentuosi del calcio italiano di quegli anni, anche se decisamente irrequieto: pensate che un giorno, per protesta nei confronti dell'allenatore che non lo aveva fatto giocare, si era presentato allo stadio con la pelliccia sopra al petto nudo, un vistosissimo cappello in testa e... una pistola!

Ma torniamo a noi, e alla partita.

Gianfranco crossò per Carlo Petrini, che spedì la palla in porta con un preciso colpo di testa. L'esultanza dei giocatori e dei tifosi del Verona venne interrotta dal fischio dell'arbitro Michelotti: rete annullata perché il pallone era uscito dal campo al momento del cross... finendo a pochi passi dalla bomba!

Era l'89', e in campo si scatenò un parapiglia che coinvolse molti calciatori e proseguì anche dopo la fine della partita (conclusasi 0-0), in sala stampa, dove i giocatori del Verona attaccarono quelli bianconeri senza mezzi termini. Nessuno sospettava che lo scoppio di quel caos fosse – di gran lunga! – preferibile a quello della bomba nascosta.

Fu solo quella sera, a stadio vuoto, che il sergente maggiore degli artificieri Ignazio Tafano fece brillare (cioè esplodere) l'ordigno. Alberto, Simona e altri raccattapalle avevano implorato il questore di poter assistere, e così videro con i propri occhi, ovviamente a distanza di sicurezza, la fine della bomba.

In seguito tre ultras del Verona, uno dei quali minorenne, vennero arrestati grazie alla segnalazione di alcuni testimoni, che avevano assistito al lancio della bomba. Era stato l'ennesimo segnale di un tifo sempre più aggressivo? Oppure uno dei tanti gesti violenti della lotta politica di quegli anni? Dovete sapere che Verona era considerata il "nodo" del traffico di armi in tutto il Nord Italia, oltre che la sede di molte riunioni e incontri tra terroristi di entrambe le fazioni.

L'opinione pubblica si divise.

In ogni caso, gli anni di piombo non erano finiti: l'Italia avrebbe vissuto tensioni e terrore ancora per qualche anno. La lotta (sportiva, si intende) per la vittoria del campionato si sarebbe invece conclusa pochi mesi dopo, tenendo gli italiani sulle spine fino all'ultima giornata di quell'indimenticabile stagione.

Torino e Juventus, infatti, si alternarono in testa alla classifica fino alla trentesima e ultima giornata. Quando, per un solo punto, i bianconeri vinsero lo scudetto.

19

OLTRE IL MURO

12 SETTEMBRE 1990

BELGIO vs. GERMANIA EST

«Certo, ci sarò!» aveva detto Matthias Sammer al dirigente della Federcalcio che lo aveva contattato.

Matthias aveva i capelli che parevano arancioni, un filo di barba e la faccia bianca come un foglio di carta. E, cosa più importante di tutte, in campo era fortissimo. Era nato nella Germania Orientale e aveva giocato per tutta la vita con la maglia della Dinamo Dresda, ma da qualche mese si era trasferito allo Stoccarda.

Da quando aveva ricevuto la lettera di convocazione in nazionale per la qualificazione ai Campionati Europei era entusiasta. Il primo incontro era fissato per il 12 settembre 1990 e si trattava di Belgio-

Germania Est, anche se la partita era stata convertita in amichevole, come avevano precisato dalla Federazione. Questa decisione era stata presa perché era in corso il processo di riunificazione delle due Germanie e quindi, in pratica, la Germania Est si era ritirata dal girone di qualificazione.

In effetti, di lì a poco la Germania Est non sarebbe più esistita, e nemmeno la sua squadra di calcio. Ma per Matthias una partita era una partita. Specie se poteva giocare in quella che per lui era ancora la sua nazionale!

Il cielo di Bruxelles era grigio come il cemento e l'aria sapeva di smog quando, quel giorno, Matthias entrò nel centro sportivo. Sul pavimento in marmo chiaro dell'atrio di ingresso erano appoggiati una dozzina di borsoni da calcio, e in piedi, ritti come stoccafissi, c'erano alcuni ragazzi, in attesa. Erano giocatori, proprio come Matthias: suoi compagni di squadra. Eppure ognuno di loro era vestito diversamente: nessuno indossava una divisa d'ordinanza, e nemmeno le borse avevano la scritta della nazione di appartenenza... E soprattutto: Matthias non conosceva nessuno, o quasi. Si trattava forse di uno scherzo?

Squadrò un ragazzotto dal viso pallido e brufoloso, coi lunghi capelli biondi mossi. E l'altro sembrò leggergli nel pensiero, perché gli andò incontro con la mano protesa. «Piacere, mi chiamo Jens» disse.

«Chi manca?» chiese Matthias.

Il giovane alzò le spalle. Fu solo allora che Matthias capì: i giocatori erano tutti lì. Aveva davanti la squadra della Germania Est. La *sua* nazionale.

Fece un lungo respiro e lì contò. Erano in quattordici, lui compreso.

«Dove sono Thomas e Ulf?» domandò, confuso.

Nessuno rispose.

Dovete sapere che oltre a Matthias (che nel 1996 sarà votato miglior giocatore d'Europa), la Germania Est poteva contare su altri giocatori fortissimi: il suo compagno, centrocampista come lui, Thomas Doll (poi protagonista in Italia con la maglia della Lazio), e il leggendario attaccante Ulf Kirsten. Con quest'ultimo, si diceva che il Bayer Leverkusen iniziasse sempre le partite dal punteggio di 1-0: perché gli avversari, ancor prima di cominciare, mettevano in conto almeno un suo gol!

«Quindi stiamo andando a giocare l'ultima partita della nostra nazionale in quattordici!?» esclamò, rivolgendosi più a se stesso che agli altri.

Di nuovo nessuno aprì bocca.

Matthias ci impiegò pochi istanti a prendere la sua decisione. Raggiunse una signora sulla cinquantina, seduta dietro a una scrivania sul fondo della sala: «Mi scusi» le chiese cercando di restare più calmo possibile, «può trovarmi un volo di ritorno per Stoccarda?».

La donna annuì timidamente e alzò subito la cornetta del telefono. Matthias, sempre più perplesso e imbronciato, andò a sedersi su una poltrona in pelle.

"Meno male che riparto fra poco" pensò. Ma non andò così.

Dopo alcuni minuti la donna lo raggiunse: «Mi dispiace, non ci sono voli per Stoccarda per i prossimi due giorni» gli disse.

Proprio due giorni dopo si sarebbe svolta la partita. A quel punto, tanto valeva giocare. Così Matthias, sospirando, raggiunse i suoi compagni per il ritiro.

Era il 10 settembre 1990. Poco meno di un anno prima era caduto il Muro di Berlino, che divideva la città in due ma simbolicamente separava l'Europa intera: la parte occidentale influenzata dagli americani, la parte orientale dai russi.

Il Muro (in realtà si trattava di due muri paralleli, distanti una decina di metri l'uno dall'altro) venne eretto in tempi rapidissimi nel 1961, ed era lungo ben 155 chilometri. Da allora in molti avevano cercato di superarlo, di solito per scappare dal duro regime di Berlino Est e raggiungere la libertà a Ovest, e chi era stato scoperto era stato colpito a morte, senza esitazioni. Sarebbe accaduto in totale a ben 138 persone. Fortunatamente, il 9 novembre del 1989, ventotto anni dopo la sua costruzione, il muro era stato abbattuto: decine, centinaia, migliaia di cittadini tedeschi si erano riversati per strada e insieme, da una parte e dall'altra, avevano iniziato la demolizione, con le mani, i picconi, le pietre… e si erano ricongiunti ad amici, familiari e concittadini. Berlino non era più divisa in due! E lo stesso valeva per la Germania, e per il calcio tedesco.

In realtà il calcio non era mai stato in cima alle priorità del governo della Germania Est, pur essendo uno sport popolare. Ma ora, mentre il Muro crollava, la Germania Est del calcio cresceva grazie al talento di alcuni giocatori come Matthias, Thomas e Ulf. Con fuoriclasse così, la qualificazione al Campionato Mondiale del 1990, che si sarebbe disputato in Italia, non era più un miraggio. Ma i giocatori tedeschi, nell'autunno del 1989, avevano la testa altrove.

Insieme al Muro, infatti, erano cadute anche le barriere del calcio: i giocatori dell'Est – che disputavano un campionato di basso livello, in impianti fatiscenti, con scarsa affluenza di pubblico – ora potevano essere ingaggiati dai club dell'Ovest, dove esistevano strutture moderne e grandi società abituate a vincere in Europa. Per questo, già alla vigilia della partita contro l'Austria decisiva per la qualificazione ai Mondiali (svoltasi il 15 novembre del 1989, pochi giorni dopo la caduta del Muro), il campo dello Sportinstitut di Lipsia in cui si allenava la squadra era stato invaso da agenti, procuratori e direttori sportivi dei principali club della Germania Ovest a caccia di bravi giocatori. Preparare al meglio quella partita così delicata fu impossibile. E infatti, al Prater di Vienna, finì 3-0 per l'Austria, che si qualificò al Mondiale.

In ogni caso, la storia della nazionale della Germania Est era a un passo dal finire: il 3 ottobre 1990 la Repubblica Democratica Tedesca sarebbe entrata a far parte della Repubblica Federale di Germania e dall'unione delle due nazionali di calcio ne sarebbe nata una sola. Eppure la Germania Est fu inserita nei gironi di qualificazione per i Campionati Europei del 1992, e si ritrovò (ironia della sorte, ancora una volta) nello stesso gruppo della Germania Ovest, insieme a Belgio, Lussemburgo e Galles.

Così, il 12 settembre del 1990, Matthias indossò la maglia della Germania Est. Nella panchina della sua squadra sedevano soltanto tre giocatori, tra cui Jens Adler, il biondo che si era presentato al centro sportivo: era il secondo portiere (nel caso si fosse fatto male il primo) e non aveva mai giocato al di fuori della Germania Est. Ma non era l'unica stranezza. In quella nazionale, infatti, c'erano ben tre debuttanti. E soprattutto: l'unico volto noto era quello di Matthias.

Il Belgio sfilò sul prato con la tradizionale tenuta rossa, la Germania Est invece in maglia bianca, con maniche e pantaloncini blu. Poi l'arbitro fischiò l'inizio della partita. Che andò come nessuno si sarebbe mai aspettato.

Matthias e i tedeschi dell'Est dominarono il gioco dall'inizio alla fine, e al 73' sbloccarono meritatamente il risultato: il pallone finì dentro l'area di rigore belga, e il portiere Michel Preud'homme, capelli lunghi e riccioli, tentando di parare un tiro di Bonan lo fece impennare a una decina di metri dal suolo. Matthias ne intuì la traiettoria di caduta e scattò. A pochi passi dalla linea di porta lo colpì in acrobazia, nonostante il tentativo di recupero dei difensori del Belgio. La palla finì in rete: 0-1.

Il Belgio, però, non ne voleva sapere di perdere la partita contro una nazionale che non soltanto era senza i suoi giocatori migliori, ma di fatto non esisteva più. Così iniziò ad attaccare. Allora la Germania dell'Est si chiuse in difesa. A chi era sugli spalti, a Bruxelles, sembrò di vedere nella linea di centrocampo una specie di muro. Così, quando Matthias si lanciò nella metà campo avversaria e ricevette il pallone, per i tedeschi presenti allo stadio fu quasi come rivivere il salto dei cittadini di Berlino Est al di là del muro, verso l'Ovest.

Matthias corse verso Preud'homme, finse di tirare, invece virò verso sinistra, dribblandolo.

C'era solo la porta davanti a lui. Enorme. Vuota.

Prese la mira, e calciò.

0-2.

Quello fu l'ultimo gol della Germania dell'Est. Semplicemente perché, dopo la partita del 12 settembre 1990, non ci fu più nessuna nazionale dell'Est. La Germania tornò unita un mese dopo, e così la sua squadra di calcio.

E il vento del cambiamento, dopo aver investito i tedeschi, negli anni Novanta soffiò anche altrove – Polonia, Ungheria, Balcani, Cecoslovacchia – ridefinendo ancora una volta la geografia dell'Europa.

20

LA PARTITA CHE NON SI GIOCÒ MAI

13 MAGGIO 1990

DINAMO ZAGABRIA VS. STELLA ROSSA BELGRADO

Zvonimir Boban appoggiò il borsone sulla panchina dello spogliatoio, poi tirò la zip e ci pescò dentro. Oltre la soglia, arrivavano le voci dei tifosi allo stadio Maksimir che scandivano i cori, intervallati da qualche scoppio.

Afferrò la maglia blu con i bordi bianchi e rimirò il numero 10 sulla schiena: il numero che nel calcio è sinonimo di talento e fantasia. Genialità. Anche sregolatezza, a volte. Tirò fuori i calzoncini bianchi, i calzettoni blu, e poi la fascia da capitano: aveva appena ventun anni, Zvonimir, ma già da tre era il giocatore più importante della Dinamo Zagabria.

I compagni lo osservavano, bastava un suo gesto perché loro ne percepissero la forza. Zvonimir teneva i capelli divisi a metà con il gel, e alcuni ciuffi gli ricadevano sulla fronte alta. Gli occhi chiari rendevano il suo sguardo sicuro di sé. Era nato in una Jugoslavia che era una polveriera, e perciò era abituato ad affrontare momenti difficili. Per decenni il maresciallo Tito (soprannome di Josip Broz), come un sarto che cuce tra loro brandelli di tessuto, era riuscito a tenere insieme il Paese, ma solo attraverso politiche autoritarie. E a dieci anni dalla sua morte e dalla fine della dittatura, la Jugoslavia appariva profondamente divisa: serbi, croati, sloveni, bosniaci, macedoni... Tanti popoli con fedi, culture e abitudini differenti; tante Repubbliche Federate, ognuna con il grande sogno di raggiungere l'indipendenza.

Nello spogliatoio Zvonimir fissò i compagni, zitti e nervosi. A breve sarebbero entrati in campo, e lui si sentiva pronto. D'altronde era cresciuto col pallone tra i piedi – sognando una Croazia libera – e, appena sedicenne, aveva debuttato nel campionato jugoslavo con la maglia della Dinamo Zagabria. Poi, nel giro di poche stagioni, era diventato uno dei migliori talenti del calcio europeo.

Oramai mancavano pochi minuti al calcio d'inizio di Dinamo Zagabria-Stella Rossa di Belgrado, le due squadre simbolo delle capitali di Croazia e Serbia.

All'improvviso i giocatori avvertirono un'altra esplosione proveniente dall'esterno, questa volta più fragorosa. Tutti si voltarono verso la porta. Zvone (così era soprannominato) richiuse la zip della borsa, si sistemò i parastinchi sotto i calzettoni, poi legò con forza i lacci delle scarpe. Nello spogliatoio continuava a non parlare nessuno, eppure, dal frastuono che arrivava fin lì oltrepassando i muri, sembrava che fuori fosse scoppiato l'inferno. E, in un certo senso, era proprio così.

Zvone si avviò lungo il tunnel che portava al campo, e gli sembrò di vedere del fuoco.

Che cosa stava succedendo?

Per capirlo bisogna fare un passo indietro.

Dovete sapere che qualche giorno prima, il 7 maggio 1990, nelle Repubbliche Federate della Jugoslavia si erano svolte le prime elezioni libere del dopoguerra, e in Croazia aveva trionfato Franjo Tuđman, un ex militare dai capelli bianchi come la neve. Franjo sosteneva la separazione e l'indipendenza del proprio Paese dal resto della Jugoslavia ed era in perenne scontro con lo spietato leader della Repubblica Serba, Slobodan Milošević, anche lui nazionalista convinto.

Ecco perché in quei giorni l'aria era rovente: bastava un passo sbagliato e... *boom!* Nessuno avrebbe potuto fermare la guerra.

E proprio *quel* passo, per uno scherzo del destino (e del calendario) che aveva sorteggiato Dinamo Zagabria-Stella Rossa di Belgrado, quel 13 maggio 1990 poteva farlo il calcio.

A scontrarsi non sarebbero infatti stati solo ventidue giocatori, ma due popoli interi, due ideologie contrapposte, due mondi in lotta l'uno con l'altro: il simbolo dell'orgoglio nazionalista croato sfidava il simbolo dell'orgoglio nazionalista serbo. Proprio come era già successo un anno prima quando, a Belgrado, la Dinamo Zagabria aveva sconfitto l'altra squadra della città, il Partizan. Quel giorno, al termine della gara, l'ala più violenta della sua tifoseria aveva festeggiato lungo le vie del centro con petardi, fumogeni e bengala, a cui la tifoseria serba aveva risposto con un fitto lancio di pietre. Solo l'intervento massiccio della polizia era riuscito a interrompere gli scontri. La miccia, però, era ormai stata innescata.

Così, il 13 maggio del 1990, tremila ultras della Stella Rossa appartenenti al violentissimo gruppo dei Delije erano arrivati a Zagabria come un esercito nel pieno di un'operazione militare: avevano distrutto i treni sui quali viaggiavano, terrorizzando e derubando i passeggeri; poi, giunti in città, avevano infranto decine di vetrine dei negozi e rovesciato automobili. D'altra parte alcuni tifosi croati, il giorno prima, avevano nascosto sassi e bengala all'interno dello stadio Maksimir.

E appena lo speaker dello stadio aveva iniziato a leggere le formazioni, il grido di guerra degli ultras serbi si era fatto così forte da coprire anche i decibel degli altoparlanti. Poi i Delije avevano scavalcato le recinzioni finendo in altri settori pericolosamente a contatto con quelli occupati dagli ultras croati, avevano divelto centinaia di seggiolini, e avevano iniziato a lanciarli chi verso il settore occupato dai croati, chi verso il campo. E i croati avevano reagito catapultandosi nel settore ospiti, dove però si erano ritrovati in evidente inferiorità numerica, in balia della violenza serba.

Ecco ciò che stava accadendo fuori dagli spogliatoi. E voi forse vi starete chiedendo: che cosa faceva, nel frattempo, la polizia jugoslava? Osservava.

La rissa gigantesca che ne scaturì durò una ventina di minuti. Sugli spalti, gli ultras serbi attaccarono con una violenza inaudita i Bad Blue Boys, la frangia più spietata della tifoseria croata. Ma la polizia continuò a non intervenire. Così i Bad Blue Boys decisero di invadere il campo, finendo proprio in mezzo ai giocatori, che nel frattempo erano usciti e si stavano preparando per l'inizio della partita.

Anche Zvone era lì, col pallone a pochi passi dai piedi. Alzò lo sguardo. Era scoppiato il caos.

I croati finirono sotto i colpi di manganello e i gas lacrimogeni della Milicija, la rigidissima polizia locale composta soprattutto da serbi. I calciatori della Stella Rossa si rifugiarono negli spogliatoi (si sarebbero poi messi in salvo grazie all'intervento di alcuni elicotteri militari), mentre sul campo da gioco intervenivano i mezzi dei pompieri nel tentativo di disperdere i tifosi con potenti getti d'acqua.

Tutto veniva trasmesso in diretta nazionale dalla televisione jugoslava e così, poco dopo, centinaia di persone accorsero trafelate e preoccupate al Maksimir, in cerca di figli, amici e parenti. La polizia li fermò, finendo con lo scatenare la guerriglia anche all'esterno dello stadio.

In campo, un agente bloccò un tifoso buttandolo a terra, e iniziò a picchiarlo con il manganello. Una, due, tre volte. Zvone era a pochi passi da loro e quei colpi gli rimbombavano in testa assieme ai volti dei tanti bambini e ragazzi che aveva visto fuggire in tribuna.

Fu a quel punto che scattò, proprio come quando un pallone si trovava sulla tre quarti di campo. Ma in quel momento Zvone non era uno dei calciatori più forti del mondo: era semplicemente un ragazzo incapace di restare indifferente alla violenza intorno a lui.

«Vergognatevi! State massacrando i bambini!» urlò.

Un poliziotto nei paraggi lo raggiunse e lo colpì, allora Zvonimir reagì centrandolo con un calcio – uno di quelli con cui, tante volte, aveva segnato gol imprendibili – che lo fece cadere a terra e gli fratturò la mascella.

Un gesto duro, che si trasformò in un simbolo di ribellione. E diede inizio alla guerra d'indipendenza croata, rendendo Zvone una sorta di eroe nazionale. Anche se lui non si sarebbe mai considerato tale.

La giornata del 13 maggio 1990 si concluse senza morti, ma con centocinquanta feriti e altrettanti arresti. Il 25 giugno 1991 Slovenia e Croazia dichiararono la loro indipendenza dando vita a un conflitto sanguinoso che avrebbe in seguito portato alla disgregazione della Jugoslavia.

Alla fine della guerra, nel 1995, allo stadio Maksimir venne eretto un monumento. Sulla targa una scritta recitava: "A tutti i tifosi della Dinamo, la cui guerra cominciò il 13 maggio 1990 nello stadio Maksimir e che finirono per dare la propria vita per la Croazia".

Il giorno di una partita di calcio che non si giocò mai.

21

UN CALCIO AL RAZZISMO

8 LUGLIO 1998
FRANCIA vs. CROAZIA

Le mani si muovevano rapide tra le pagine. L'album di Luc era quasi completo, ormai. E la parte di cui andava più fiero era, ovviamente, quella della sua nazionale. Sbirciò per la milionesima volta le figurine. Youri Djorkaeff e Alain Boghossian erano di origini armene, Zinédine Zidane (che fosse proprio una stella del calcio, non si discuteva) era figlio di algerini, poi il basco Bixente Lizarazu, Marcel Desailly nato in Ghana e Patrick Vieira che invece veniva dal Senegal. C'era anche Christian Karembeu, originario del paradiso nella Nuova Caleidonia (una dozzina di isole a sud-ovest del Pacifico).

Luc era appassionato di geografia e, anche se ora aveva solo undici anni, da grande sognava di visitare tutto il mondo, a cominciare dai luoghi che aveva studiato a scuola. I posti da scoprire erano tanti, ognuno con la propria storia e i propri usi e costumi… tanti popoli diversi, ciascuno speciale a modo suo.

Ecco perché la nazionale francese ai suoi occhi era interessantissima: c'erano bianchi e neri, biondi e bruni, figli d'Europa, d'Africa e di ogni parte del pianeta.

Scartò l'ultima bustina impaziente di scoprire quali figurine contenesse. Il cuore prese a battergli forte… Eccola! Finalmente aveva trovato l'unica che gli mancava per completare la squadra: quella di Lilian Thuram.

Luc sapeva già che Lilian era nato a Pointe-à-Pitre, in Guadalupa, una delle isole Antille, arcipelago del mar dei Caraibi che un tempo era stato una colonia francese. Però gli aveva sentito dire in un'intervista che a nove anni si era trasferito con sua mamma proprio dove viveva lui, a Parigi. Fissò il volto del calciatore, nero come l'ebano.

Il calcio era l'altra grande passione di Luc. Anzi, a sentire sua mamma era proprio una fissazione, peggio della geografia. Ma lei lo diceva ridendo, e lui sapeva che scherzava. E poi non era certo l'unico della famiglia con questa mania: anche a suo fratello Jean il calcio piaceva da matti, ed era proprio grazie a lui se anche Luc, ogni tanto, andava allo stadio.

Luc stava attaccando con cura la figurina di Lilian, passandoci il palmo in modo che non si formassero delle pieghe, quando la porta della sua camera si spalancò.

«Allora fratellino» gli disse Jean lanciandosi sul letto. «Pronto per il Mondiale? Dai che manca meno di un mese. Vediamo se sei davvero così preparato come dici…»

I due fratelli da sempre si divertivano a sfidarsi ai quiz. E dato che Luc era il più piccolo, perdeva quasi sempre, ma di recente aveva iniziato a tener testa anche a quel cervellone di Jean che già andava all'università.

«La Coppa del Mondo di quest'anno ha due caratteristiche che la rendono speciale…»

Luc sorrise dalla scrivania. «Facile. È l'ultima del Novecento e la prima a trentadue squadre.» Poi aggiunse: «Ora tocca a te: elenca tutte le squadre».

Sua fratello fece una smorfia. «Non esagerare…» Iniziò ad alzare le dita. «Vediamo, ci sono cinque nazionali africane, quattro asiatiche, otto americane e… per forza le europee sono quattordici».

«Quindici! La matematica continua a non essere il tuo forte eh» lo prese in giro Luc.

Dovete sapere che in quegli anni l'Unione Europea era ormai diventata una realtà: si era formata a poco a poco, dopo la Seconda guerra mondiale, e a partire dai sei Paesi fondatori (Germania, Francia, Italia, Paesi Bassi, Belgio e Lussemburgo) si era poi piano piano allargata comprendendone molti altri. E nel frattempo l'Unione Sovietica si era sgretolata e la guerra in Jugoslavia era terminata, con la conseguente creazione di tanti Stati indipendenti.

Gli effetti della ripresa e del benessere di questa fase di pace che l'Europa stava vivendo si sentivano anche nel calcio: alla fase di qualificazione alla Coppa del Mondo avevano partecipato più squadre europee rispetto al passato. A parte la Francia, che ospitava la competizione, erano state ben quarantanove, e ben cinque venivano dalla ex-Jugoslavia: la stessa Jugoslavia (formata da Serbia e Montenegro), la Macedonia, la Croazia, la Bosnia ed Erzegovina e la Slovenia.

Jean fece spallucce. «Comunque le squadre che partecipano al Mondiale sono raddoppiate in appena vent'anni, lo dicevano in uno speciale l'altra sera in tv.»

«E meno male! Sai in quante hanno partecipato alle qualificazioni? Centosettantadue. Giuro!»

Jean sbuffò, suo fratello certe volte era davvero noioso. In ogni caso anche a lui piaceva l'idea che si sarebbero affrontate tante nazioni diverse. Alcune partecipavano a questo torneo per la prima volta, come Giamaica, Giappone, Sudafrica e Croazia.

«Vedrai, sarà più dura del solito» disse Jean scendendo dal letto.

Luc richiuse l'album delle figurine. «Non dire così! Noi siamo i più forti!» sbottò.

Sapeva che uno dei motivi per cui il fratello diceva così era che a Jean non piaceva granché l'allenatore della nazionale francese, Aimé Jacquet. E d'altra parte anche i giornalisti lo criticavano di continuo, tanto che lui aveva dichiarato offeso: «Alla fine del Mondiale lascerò la panchina della nazionale, che si vinca oppure no!». Però a Luc era dispiaciuto. Secondo lui non era così male!

Ma in quei giorni c'era anche un altro argomento che teneva banco nei dibattiti televisivi, nei bar, nei discorsi dei francesi: la provenienza dei giocatori in nazionale. Perché tanti giocatori erano figli di immigrati originari delle ex-colonie francesi, e quindi venivano da famiglie originarie di Guadalupa, dell'Africa, della Nuova Caledonia o addirittura dell'Armenia. E nonostante le lotte di alcuni giganti della storia come Gandhi, Mandela e Martin Luther King, che molto avevano fatto negli anni passati per ottenere la libertà, l'uguaglianza e l'emancipazione di tutti gli uomini, purtroppo molti francesi non consideravano questi atleti "veramente" dei connazionali e perciò non si riconoscevano in quella squadra colorata.

Però Jean sapeva che si sbagliavano! E in ogni caso non si lasciava abbattere dal solito pessimismo del fratello. La Francia avrebbe vinto.

C'erano fuoriclasse come Zidane e Djorkaeff, ma soprattutto lui: Lilian Thuram.

Il Campionato Mondiale di calcio, in Francia, iniziò il 10 giugno 1998.

Tra le squadre "Cenerentola", cioè considerate più scarse e con pochissime probabilità di vittoria, fu la Croazia a sorprendere. Inserita nel Gruppo H con l'Argentina e le esordienti Giamaica e Giappone, sconfisse quest'ultime due e perse poi solo la sfida con l'Argentina, qualificandosi come seconda del girone. E qui accadde l'impensabile: dopo aver eliminato la Romania negli ottavi di finale, i croati si ritrovarono di fronte nientemeno che la Germania, nei quarti. Come al solito, i tedeschi erano favoriti, ma la Croazia visse il più grande momento della sua storia calcistica fino ad allora: vinse 3-0 qualificandosi per la semifinale. Contro chi? Proprio la Francia di Luc!

La padrona di casa, dal canto suo, non partecipava a un Mondiale da Messico '86, e non iniziava tra le favorite. Inserita nel gruppo C con Sudafrica, Arabia Saudita e Danimarca, vinse tutte le partite del girone. I problemi, però, iniziarono negli ottavi di finale contro il Paraguay: ai francesi servirono ben 113 minuti per aggiudicarsi la vittoria grazie a un destro del difensore centrale Laurent Blanc. E ai quarti contro l'Italia non andò meglio, si arrivò addirittura ai calci di rigore. Ma quando l'italiano Luigi Di Biagio centrò la traversa, la Francia si ritrovò in semifinale.

Così, l'8 luglio del 1998, Lilian Thuram entrò allo Stade de France di Parigi. Rimase alcuni istanti in ascolto: lo stadio brillava di luci, l'aria vibrava dei cori e dell'entusiasmo dei tifosi.

Francia-Croazia non era soltanto una partita di calcio, lui lo sapeva bene. Era una sfida tra opposti. Gli avversari venivano da uno Stato giovane eppure con un forte spirito nazionalistico, che conosceva gli orrori della recente guerra civile. Anche la Francia, però, stava cambiando: dovete sapere che i politici francesi, in quegli anni, erano molto sensibili al tema dell'integrazione degli immigrati, che da decenni inseguivano in Francia un lavoro e una vita migliore. Provenivano in larga parte dalle ex colonie francesi, e si insediarono nelle periferie delle grandi città. Vennero immediatamente naturalizzati (ottennero cioè la cittadinanza francese), e così i loro figli, che crescevano assimilando la cultura e le tradizioni francesi. Ma con l'arrivo di tanti stranieri (nonostante la meravigliosa idea di un Paese senza disuguaglianze, nel quale far convivere armoniosamente persone di diverse culture e provenienza) montò anche il malcontento di chi vedeva in loro una minaccia: alcuni partiti politici fecero leva proprio sulla paura e la diffidenza di uno strato della popolazione, che era convinto che gli immigrati fossero una delle principali cause dell'aumento della criminalità e delle difficoltà economiche del Paese.

Non era facile, in quegli anni, crescere a Parigi, se venivi dalla Guadalupa e chiedevi semplicemente di essere accettato per quello che eri, e di certo non per il colore della pelle.

Lilian fu subito preso di mira, quando arrivò a Parigi. Strinse gli occhi ricordando quel soprannome, "Noiraude", che era il nome di una mucca nera – non particolarmente intelligente, tra l'altro – protagonista di un famoso cartone animato dell'epoca. «Noiraude! Noiraude! Noiraude!» lo chiamavano i compagni di scuola per prenderlo in giro. E lui si arrabbiava, stringeva i pugni fortissimo per la rabbia.

«Non è giusto!» urlava dopo, a casa.

Sua mamma allora si metteva accanto a lui. «Non reagire mai con violenza. Usa la testa, figlio mio. Pensa!» gli diceva. E lui aveva portato quel consiglio con sé tutta la vita.

Il frastuono proveniente dagli spalti lo riscosse. Lilian entrò in campo a lunghi passi lanciando occhiate ai compagni. Era il momento di usare la testa assieme ai piedi.

La partita iniziò.

Zidane si dimostrò subito in forma, e calciò per ben tre volte verso la porta del croato Dražen Ladić, anche se in attacco la Francia non riusciva a rendersi veramente pericolosa. Dall'altra parte anche la Croazia aveva i suoi problemi: il talentuoso centrocampista Aljoša Asanović provò più volte a imbeccare i due attaccanti Davor Šuker (il capocannoniere del Mondiale) e Goran Vlaović, ma le loro conclusioni rimbalzarono contro il muro della difesa francese.

Luc non perdeva di vista nemmeno per un istante il pallone, il piccolo puntino che rotolava per il campo davanti a lui. Perché anche lui si trovava allo Stade de France, insieme a Jean, che si alzava di continuo, nervoso.

«Adesso basta! Attaccate!» urlò suo fratello proprio all'inizio del secondo tempo.

Luc fissò Asanović col pallone tra i piedi e scosse la testa: l'ennesima azione croata... Era preoccupato. E infatti il centrocampista, con un meraviglioso assist di sinistro, talmente preciso da sembrare telecomandato, servì in area di rigore Davor Šuker, che stoppò il pallone con il sinistro, e con lo stesso piede – questione di attimi – tirò.

Gli occhi di Luc restarono incollati alla palla che rotolò fin dentro la rete. 0-1.

Nello stadio calò il gelo. Tutta la squadra francese si riversò in avanti.

Dopo appena un minuto, Zvonimir Boban si attardò al limite dell'area con il pallone tra i piedi. Fu allora che Lilian decise: era arrivato il momento di usare le testa. Scattò e gli soffiò il pallone, che finì a Yuri Djorkaeff, il fantasista dell'Inter. Ora Lilian doveva assolutamente fare qualcosa, così scattò verso l'area di rigore. Yuri alzò la testa e capì che cos'aveva in mente. L'assist fu perfetto: Lilian si fiondò sul passaggio del compagno e tirò.

Gol! 1-1.

Era la sua prima rete in nazionale.

Ma non c'era tempo da perdere. Al 69', mentre il pallone era conteso al limite dell'area di rigore, Lilian prese di nuovo l'iniziativa e se ne impossessò.

La porta era lì, vicina. Lui era pronto. Calciò con quanta più potenza e precisione poté verso un angolino della porta. Dražen Ladić non ci arrivò. 2-1!

Gli oltre settantamila spettatori francesi allo Stade de France si misero a saltare, si abbracciavano, urlavano, sgomitavano. Tra di loro c'era ovviamente anche Luc, che urlò così forte che poi perse la voce. Intanto i pochi croati presenti sugli spalti si guardavano attorno cercando di capire quanto tempo restasse.

Lilian, invece, si fermò. Si lasciò cadere sul manto erboso con le ginocchia, il busto dritto, e si portò la mano sinistra al volto, come nel gesto di chi riflette. «Pensa» gli diceva sua madre, e lui l'aveva fatto anche quel giorno.

L'attaccante francese Thierry Henry gli si avvicinò per primo, mentre il centrocampista Emmanuel Petit, coi suoi capelli lunghi e biondi da vichingo, tirava in fuori il petto e alzava le braccia al cielo. Poi anche tutti gli altri lo raggiunsero e lo abbracciarono: erano a un passo dalla finale.

La partita, infatti, non era ancora finita, e la Croazia ci provò fino all'ultimo, cercando anche di approfittare dell'inferiorità numerica della nazionale francese, rimasta in dieci per l'espulsione di Laurent Blanc.

La gara però si chiuse con quel risultato: i francesi erano in finale!

Al triplice fischio, Jean e Luc, impazziti per la gioia, si abbracciarono saltando e urlando. Luc ormai non aveva più dubbi: la Coppa del Mondo, quell'anno, l'avrebbero vinta loro!

E non si sbagliava. La Francia avrebbe infatti sconfitto in finale il Brasile per 3-0, conquistando così la prima Coppa del Mondo della sua storia. Non solo: sarebbe stata eletta a manifesto dell'integrazione multietnica.

Lilian Thuram, dopo aver vissuto a lungo i disagi dell'immigrazione, divenne un esempio del cambiamento sociale del Paese e ambasciatore dell'integrazione. E non smetterà mai di combattere contro il razzismo.

Giocò in tutto 142 partite con la nazionale (detiene tutt'ora il record di presenze), segnando 2 reti.

Proprio quelle dell'8 luglio 1998. Nella leggendaria semifinale.

22

IL MONDO È CAMBIATO

11 SETTEMBRE 2001

ROMA vs. REAL MADRID

Alle otto meno un quarto del mattino (ora italiana) dell'11 settembre 2001, Anita abbracciò stretta suo padre. Non lo faceva da un po' in effetti, dopo tutto era in seconda media, ora. Stavolta però era diverso. Strinse ancora più forte, poi si scostò per guardarlo negli occhi. Doveva provarci un'ultima volta.

«Dai papà, posso venire?»

Già immaginava lo Stadio Olimpico pieno di bandiere giallorosse, poi in campo arrivava lui, il suo idolo, l'unico che faceva gol in un modo che lei non sapeva spiegare. Francesco Totti. Ecco perché voleva esserci anche lei. Doveva.

«Ne abbiamo già parlato» rispose papà alzando le braccia al cielo. «Domani c'è scuola, lo sai, per uscire dallo stadio serve un po' di tempo, poi arrivare a casa... andresti a letto troppo tardi. Però...» lanciò un'occhiata alla mamma che annuì «puoi vederla tutta, fino al novantesimo!»

E le sorrise.

Anita sospirò. Conosceva suo papà, ormai insistere non sarebbe servito a niente. Anche se avrebbe voluto. Perché la sua prima volta allo stadio era stata una giornata di quelle incredibili. Era successo qualche mese prima, a giugno, per Roma-Parma, e aveva visto Francesco Totti dal vivo. Certo, era lontano da lei, ma per la prima volta non era su uno schermo! E poi essere allo stadio era tutta un'altra cosa. Era l'aria che era diversa. Era un'emozione nuova. Papà le aveva comprato la maglia della Roma con il suo nome, e avevano mangiato una pizza vicino all'Olimpico. E soprattutto avevano festeggiato tutto il giorno, andando in giro e cantando, ridendo fino ad avere male alle guance... perché la Roma aveva vinto il campionato, finalmente!

«Ci sarà un'altra occasione, vedrai» le disse la mamma mentre saliva sulla bici, zaino in spalla.

Era ora di andare a scuola.

«Ma Roma-Real Madrid non c'è così tanto spesso» sibilò iniziando a pedalare e papà la salutò accendendo la macchina.

Anita svoltò l'angolo. La Roma era campione d'Italia in carica da tre mesi eppure la città era ancora in festa: c'erano bandiere giallorosse dappertutto, spuntavano dai balconi, sulle ringhiere, dalle finestre. Suo papà ne aveva una di tre metri per tre, che copriva in parte la visuale alla signora Gina che abitava al piano di sotto. Appena scattò il verde al semaforo ripartì passando accanto a un muro con la scritta "Roma campione!!!" lunga fino all'angolo. Ma era così un po' dappertutto.

Perché? Dovete sapere che era il terzo scudetto della storia della Roma, ed era ancora più prezioso perché era arrivato subito dopo la vittoria in campionato da parte dei rivali cittadini della Lazio. In camera sua Anita aveva appeso il poster con le foto della squadra al completo, dopo la vittoria dello scudetto. E c'era anche l'allenatore friulano Fabio Capello: con quella mascella spigolosa sembrava più burbero di quanto fosse in realtà, e riusciva a vincere ovunque andasse. Certo, in campo su tutti brillava lui, capitan Totti, e Anita sorrise ripensando alla sua espressione seria, in quella foto. Poi c'era anche "Re Leone", com'era stato ribattezzato Gabriel Omar Batistuta, l'attaccante argentino con la folta criniera che ondeggiava ogni volta che correva.

E quella sera tornava la Champions League. Finalmente, pensò Anita entrando nel cortile della scuola.

Il rivale era il Real Madrid dei "Galacticos", cioè galattici, perché ci giocavano i campioni d'Europa in carica, le stelle megagalattiche, appunto, capaci di cose spaziali. Non accadeva da diciassette anni, una notte così! Ovvero dall'ultima partita in Coppa dei Campioni (o di Champions League, come fu chiamato il torneo dal 1992) della Roma, che era stata sconfitta in finale dagli inglesi del Liverpool.

Poco dopo le otto Anita entrò a scuola, e papà era già al lavoro.

Intanto i giocatori di Roma e Real Madrid facevano colazione nei loro ritiri romani. Al tavolo del Real sedevano diversi fuoriclasse come il portoghese Luís Figo e l'attaccante Raúl. Anche nella Roma giocavano alcuni galacticos, o futuri tali, come il difensore argentino Walter Samuel detto "il Muro" per la sua capacità di rimbalzare gli attaccanti avversari e Antonio Cassano, uno dei più talentuosi e sregolati giocatori della storia del calcio italiano. Un giorno avrebbero vestito la maglia del Real Madrid come il brasiliano Emerson, il centrocampista che per le sue movenze feline era stato soprannominato "il Puma".

Alle dieci in punto, migliaia di tifosi romanisti si ritrovarono in coda di fronte ai botteghini dello stadio. Tra loro c'era Fabrizio, lo zio di Anita. Tentava di aggiudicarsi uno degli ultimi seimila biglietti rimasti invenduti (sì, Fabrizio era un ritardatario cronico, aveva promesso a Diego, il papà di Anita, che sarebbero andati insieme a vedere quella partita, ma il biglietto non lo aveva ancora preso!).

Fabrizio si mise in fila con più di un'ora d'anticipo. In venti minuti o poco più tutti i seimila tagliandi finirono. Fabrizio chiamò suo fratello.

«Ce l'ho fatta!» gli disse.

Un paio d'ore dopo, alla fine dell'allenamento del mattino, i giocatori di Roma e Real Madrid tornarono in ritiro, mentre il papà di Anita, seduto al tavolino di un bar per la pausa pranzo, non perdeva d'occhio il grande schermo acceso sopra al bancone: il telegiornale raccontava l'attesa spasmodica dell'intera capitale italiana per una partita che si preannunciava storica.

E lo fu davvero. Ma non per quanto accadde in campo.

Alle 11.45 italiane (le 5.45 negli Stati Uniti d'America) Mohamed Atta e Abdulaziz al-Omari si imbarcarono all'aeroporto di Portland. Erano terroristi di Al Qaida, un movimento islamista estremista guidato da Osama bin Laden, il sostenitore, ricchissimo e senza scrupoli, della guerra santa contro l'Occidente. A

Boston vennero raggiunti da altri tre terroristi e tutti insieme salirono sull'aereo della compagnia American Airlines diretto a Los Angeles, con altri novantadue passeggeri.

In Italia, intanto, le radio si collegavano con il ritiro giallorosso per le ultime notizie sulle formazioni. Vincenzo Montella avrebbe giocato dal primo minuto, mentre il giovane fantasista barese Antonio Cassano sarebbe partito dalla panchina.

Fu a quel punto che le comunicazioni sportive vennero interrotte.

D'improvviso, alle 15.00 circa, tutti i canali, tutti i telegiornali, le radio e i siti di informazione annunciarono un incidente aereo avvenuto a New York, alle Torri Gemelle del World Trade Center: due enormi grattacieli di centodieci piani, centro degli affari e simbolo del benessere sociale ed economico degli Stati Uniti d'America. L'aeroplano decollato da Boston si era schiantato sulla Torre Nord alla velocità di 710 chilometri all'ora (un numero enorme, credetemi). In pochi minuti le immagini di quell'inferno si diffusero in tutto il mondo: chiedete a chi era abbastanza grande dove fosse l'11 settembre 2001, e scoprirete che vi risponderà con minuzia di particolari.

Mentre gli inviati raccoglievano le prime informazioni, frammentarie e confuse, un altro puntino scuro si stava avvicinando al secondo grattacielo, la Torre Sud. Era un aereo della compagnia United Airlines con sessantacinque persone a bordo, di cui cinque erano terroristi. L'impatto avvenne in diretta mondiale, in pratica.

E quello che inizialmente pareva un tragico incidente aereo, ben presto si rivelò per ciò che era davvero: un tremendo attentato terroristico.

Dall'altra parte dell'oceano, i giocatori di Roma e Real Madrid erano incollati ai televisori e ai telefoni.

Intanto si diffuse la notizia del dirottamento di altri due aerei: uno precipitò sul Pentagono, la sede del Dipartimento della Difesa degli Stati Uniti d'America, e l'altro in un campo vuoto in Pennsylvania, grazie all'eroico intervento dei passeggeri che impedirono un'altra strage (i terroristi miravano probabilmente al Palazzo del Congresso, il cuore della politica statunitense, o alla Casa Bianca, la residenza del presidente Usa).

Tutto il mondo era sotto shock.

I giocatori di Roma e Real Madrid pure. E anche Diego, che notò alcune immagini sul piccolo televisore e lasciò la scrivania per avvicinarsi al salottino. Chiamò subito sua moglie Francesca, poi suo fratello Fabrizio. Anche loro erano incollati allo schermo, pieni di angoscia. Le immagini trasmesse ovunque erano terribili: per sfuggire alle fiamme divampate nelle due Torri, decine di persone si lanciarono nel vuoto… (Forse avete visto anche voi qualche immagine di quell'inferno.)

Quando in Italia erano le quattro del pomeriggio, la Torre Sud si afflosciò su se stessa, riducendosi a una montagna di polvere e macerie. Mezzora più tardi fu lo stesso per la Torre Nord, assieme a chi era rimasto intrappolato al suo interno.

Il telefono alla scrivania di Diego suonò. Era la figlia, tornata da scuola. La sua voce era tesa, confusa. Si erano salutati poche ore prima parlando di calcio, della Roma e del Real Madrid da battere, e ora era tutto diverso.

«Ho paura» sussurrò Anita a suo papà attraverso la cornetta.

«Anche io» dovette ammettere lui.

E non erano i soli.

La paura iniziò a espandersi. Una piccola macchia d'olio che pian piano s'allargava. Sempre di più.

Nel tardo pomeriggio dell'11 settembre 2011 Diego e Fabrizio si trovarono fuori dallo Stadio Olimpico perché il segretario generale della Uefa Gerhard Aigner aveva comunicato che Roma-Real Madrid si sarebbe svolta ugualmente.

Se vi state chiedendo il perché di questa decisione, sappiate che ancora oggi è difficile capirlo. Alcuni ritenevano che la miglior risposta al terrorismo fosse continuare a vivere come sempre. Altri che ci fossero mestieri e attività da tutelare (il personale dello stadio, gli sponsor...). Altri ancora che sarebbe stato troppo pericoloso allontanare le settantamila persone dallo stadio.

In ogni caso Roma-Real Madrid si giocò.

Gli atleti scesero in campo con una fascia nera attorno al braccio.

Tutto lo stadio si fermò per il minuto di silenzio. I giocatori attesero sparsi per il campo, le braccia dietro la schiena e gli sguardi distanti. All'apparenza era cambiato ben poco.

In realtà, tutto.

L'arbitro fischiò l'inizio della partita, ma i ventidue giocatori avevano la testa da tutt'altra parte, e con loro i tifosi. Come Anita, davanti alla televisione del salotto mentre la mamma seguiva il notiziario in cucina, e suo papà e suo zio, seduti allo Stadio Olimpico, stretti nelle loro sciarpe giallorosse.

Le prime occasioni furono per la Roma: Anita sussultò vedendo il colpo di testa di Totti finito però fuori dalla porta, poi l'arbitro inglese Graham Poll non concesse un rigore e zio Fabrizio si alzò urlando che Batistuta era stato atterrato in area, perciò era rigore eccome! Nei minuti successivi, però, fu il Real Madrid a dominare, e il merito fu in particolare del leggendario Raúl González Blanco (ad Anita piaceva perché quando faceva gol esultava baciandosi la fede al dito). Saltò, con una serie di dribbling, mezza difesa romanista, e per ultimo il portiere Ivan Pelizzoli, ma il difensore brasiliano Antônio Carlos Zago, con un'acrobazia sulla linea di porta, evitò la rete. Anita trattenne il fiato altre due volte. Raúl era davvero incontenibile. Per fortuna lo fu meno il compagno di squadra Guti che, solo davanti a Pelizzoli, spedì il tiro sul fondo.

Nel secondo tempo, nonostante i tentativi di Capello, che sostituì un attaccante (Vincenzo Montella) con un centrocampista (Francisco Lima), il gol del Real Madrid arrivò comunque, grazie a un calcio di punizione dalla distanza realizzato da Luís Figo. 0-1.

Diego pensò ad Anita, e si immaginò la sua reazione sul divano di casa. Avrebbe voluto essere con lei, spiegarle che il Real Madrid è davvero troppo forte, anche per la magica Roma.

E infatti gli spagnoli continuarono ad attaccare, finché segnò anche Guti: 0-2.

Poco dopo venne dato un rigore alla Roma e Francesco Totti raggiunse il dischetto col pallone in mano. Anita chiuse gli occhi (sbirciò un paio di volte, ma proprio non le riusciva di guardare).

«Gol!!!» urlò il telecronista e lei tornò a fissare lo schermo sorridendo.

Eccolo il capitano, pensò. Infatti poco dopo Totti incitò i compagni a gettarsi all'attacco, e bastò perché si creasse una grande occasione e il neo entrato Antonio Cassano tentasse un tiro, purtroppo mancando il bersaglio.

Il risultato rimase bloccato: 1-2. Diego e Fabrizio si unirono ai cori dei tifosi giallorossi attorno a loro. Potevano ancora farcela, l'aria vibrava.

A cinque minuti dalla fine, l'argentino Abel Balbo, entrato da poco, centrò in pieno la traversa con un tiro dall'interno dell'area di rigore. La Roma si riversò in avanti e Gabriel Batistuta si ritrovò tra i piedi un pallone prezioso. Poteva tirare.

L'intero Olimpico trattenne il fiato.

Diego si alzò in piedi, e appoggiò il braccio sulla spalla del fratello, che urlò: «Daiii!!!».

La mamma comparve sulla soglia del salotto mentre Anita schizzava in piedi.

«Nooo!!!» urlarono tutti e quattro.

Il portiere spagnolo Iker Casillas aveva deviato il tiro.

Il Real Madrid vinse.

Quella sera nessuno commentò la partita. Quella sera dell'11 settembre 2001, ovunque scorrevano le immagini trasmesse dalla Cnn e da Fox News, le emittenti americane che avevano inviati sul luogo della strage.

Per giorni non si parlò d'altro. E anche nelle settimane, nei mesi successivi.

La paura, quella provata anche da Anita e dalla sua famiglia, si diffuse ovunque. Diego e Francesca iniziarono a preoccuparsi di dove fosse e andasse la figlia, perché ovunque si temevano nuovi attentati, e poteva capitare dappertutto: centri commerciali, parchi, piazze, strade, cinema... Improvvisamente, le grandi città non sembravano più sicure, soprattutto i luoghi affollati che finirono presidiati dalle forze dell'ordine in tutta Europa e America.

E in effetti, negli anni successivi, ci furono diversi attentati in tutto il mondo, anche in Europa e negli stadi.

Per esempio quello del 2017 a Manchester, in Inghilterra, organizzato in occasione del concerto di Ariana Grande, che causò la morte di 22 persone. Anita tempo dopo avrebbe dovuto assistere a un concerto in piazza San Giovanni, però papà era molto preoccupato. Ma sua mamma insistette e lo convinse a lasciarla andare: non voleva cedere alla paura. E per Anita e le sue amiche Sara e Giorgia, e pure suo cugino Simone, quella fu una serata divertentissima e memorabile.

Ma il mondo, il loro mondo, ormai era cambiato. L'11 settembre 2001 aveva cambiato la storia.

Anche se alla Uefa non tutti se ne accorsero subito.

23

IL SUDAFRICA E QUEL GOL PER DANI

11 LUGLIO 2010

OLANDA vs. SPAGNA

DANI
ARQUE
IEMPRE
CON
NOSOTROS
6

Tutto accadde senza preavviso. Il momento prima c'era il campo vuoto, poi una maglietta nera e un cappello rosso da Babbo Natale spuntarono dal nulla.

Andrés Iniesta, il centrocampista del Barcellona, sbarrò gli occhi.

L'uomo che li indossava scavalcò le recinzioni e iniziò a correre più veloce del vento. Andrés stava entrando in campo assieme agli altri giocatori e lanciò un'occhiata alla Coppa del Mondo: era appoggiata sopra a un piedistallo, proprio a pochi passi da loro...

Intanto Babbo Natale (ma non era il vero Babbo Natale, sia chiaro!) si avvicinava sempre di più proprio alla coppa. Andrés continuava a fissarlo incredulo, ormai era davvero vicino, quando...

All'improvviso comparve un tizio grande come una montagna in abito scuro (uno dei responsabili della sicurezza) che con un tuffo disperato afferrò l'invasore poco prima che si impadronisse della preziosa coppa. Come avrebbe poi fatto a scappare dallo stadio, non è chiaro. Però, se ci fosse riuscito, quello sarebbe senza dubbio diventato uno dei più clamorosi e incredibili furti della storia. La coppa dunque rimase lì, al suo posto. Sana e salva.

Andrés sorrise e si affrettò a raggiungere la fila dei compagni che entravano in campo. A fine serata qualcuno l'avrebbe alzata al cielo, e non sarebbe stato Babbo Natale, ma il capitano della Spagna oppure quello dell'Olanda.

Era l'11 luglio 2010.

Ed erano passati sei anni da quando era stato stabilito che la Coppa del Mondo di calcio si sarebbe svolta in Africa, per la prima volta nella storia. Un'altra delle tante vittorie di Nelson Mandela.

Nelson Mandela era il leader del movimento che aveva combattuto con tutte le forze l'Apartheid. Questa parola può sembrare difficile, ma potete tradurla con "separazione" e indica la politica di discriminazione razziale attuata dal governo di etnia bianca contro chi aveva la pelle nera, a partire dal 1948 in Sudafrica. Ma cosa accadeva esattamente? Ad esempio, nei negozi dovevano essere serviti prima i clienti bianchi, e poi quelli neri. Non solo, più di tre milioni di cittadini neri furono sfrattati dalle loro case e portati con la forza all'interno di ghetti isolati, lontano dai bianchi. I neri poi non avevano diritti: potevano frequentare poche scuole, e dovevano avere un passaporto speciale per poter girare nelle zone considerate "esclusive" dei bianchi. E se non rispettavano una di queste regole, venivano arrestati! Ma Nelson Mandela si rifiutò di accettare queste ingiustizie e lottò tutta la vita per cancellarle, perfino dal carcere, dove il governo sudafricano lo rinchiuse per ventisette lunghissimi anni. E, alla fine, sostenuto dai principali Stati mondiali che si schierarono al suo fianco, riuscì a far cadere l'Apartheid e divenne il primo presidente sudafricano eletto democraticamente. E il primo nero.

Era il 1994: il Sudafrica aveva finalmente chiuso una delle pagine più buie della sua storia. Dieci anni dopo, nel 2004, il Paese era stato preferito nella votazione decisiva a un'altra nazione africana, il Marocco, e aveva festeggiato l'assegnazione dei Mondiali di Calcio.

Quel giorno, centinaia di migliaia di persone in festa si erano riversate per le strade. Donne e uomini dai vestiti allegri e colorati avevano danzato insieme ai bambini, che scimmiottavano i grandi intonando le note di Shosholoza, l'inno che un tempo apparteneva ai minatori della Rhodesia (oggi Zimbabwe) e che negli anni era diventato la canzone simbolo della lotta all'Apartheid (cosa fate con il libro ancora in mano? Andate a cercare l'inno in rete, poi potete continuare a leggere!).

Infatti per i sudafricani ospitare il Mondiale significava migliorare l'economia e avere nuovi posti di lavoro: c'erano da costruire gli stadi, migliorare le strade e rendere più sicure le città... Ma anche mostrare a tutto il mondo le bellezze delle loro terre e della loro cultura.

A quel torneo avrebbero partecipato le solite note del calcio mondiale, ma anche alcune novità come la Slovacchia, e nazionali che tornavano a disputare una fase finale di una Coppa del Mondo dopo un sacco di tempo (ad esempio Honduras, Nuova Zelanda e Corea del Nord). Dopo una serie di eliminazioni clamorose (i flop di Italia, Argentina e Brasile), la finale mise dunque di fronte la Spagna e l'Olanda... entrambe, prima di allora, non avevano mai vinto un Mondiale.

Quella dell'11 luglio 2010 era dunque una partita storica.

La tensione in campo era alle stelle. L'aria era fredda (in Sudafrica a luglio è inverno) e gli sguardi dei giocatori glaciali. Entrarono in campo in fila indiana, gli spagnoli alla destra della coppa, gli olandesi dall'altra parte.

Uno dei più concentrati era Andrés. Aveva la carnagione pallidissima, e a guardarlo sembrava uno dei tanti: incontrandolo per strada, non avreste mai detto che fosse un calciatore. Eppure col pallone tra i piedi faceva cose incredibili.

Andrés entrò per quartultimo. Indossava la parte superiore della tuta, rossa come la maglietta della Spagna che portava sotto. E sotto la maglietta… be', dovete essere un po' pazienti.

Ma torniamo a noi: i due allenatori si strinsero la mano. Quello spagnolo, coi baffoni folti e la faccia buona e rassicurante, si chiamava Vicente del Bosque. Mentre l'olandese era Bert van Marwijk, che non era solo l'allenatore dei giocatori in maglia arancione, ma era pure il suocero di uno di loro (Mark van Bommel, guardiano e metronomo del centrocampo, aveva sposato sua figlia Andra).

Ora Olanda-Spagna poteva davvero iniziare.

Fu una finale complicata sin dal primo minuto. L'olandese Nigel de Jong, faccia da duro e maglietta stretta sui muscoli allenati, atterrò lo spagnolo Xabi

Alonso colpendolo coi tacchetti in pieno petto, con una mossa quasi da arti marziali. Fu un gesto molto rude e pericoloso, ma incredibilmente l'arbitro inglese Howard Webb tirò fuori solo il cartellino giallo (nel corso della partita ne avrebbe estratti ben tredici, più uno rosso, costringendo l'Olanda a concludere la partita in dieci). Nient'altro.

Andrés era incredulo. Sembrava che la violenza fosse diventata un'abitudine. In campo, quanto nella vita di tutti i giorni. Era come se il mondo, in quegli anni, avesse scoperto il suo lato più cattivo. Forse perché nel 2008 era scoppiata una pesante crisi economica, tantissime aziende erano state costrette a chiudere e molta gente era arrabbiata per aver perso il posto di lavoro. Ma anche a causa degli attentati dell'11 settembre 2001, dopo i quali, soprattutto in Europa, erano cresciuti la paura e il rifiuto degli stranieri, da alcuni ingiustamente ritenuti responsabili dell'aumento della criminalità e accusati di rubare il lavoro ai "nativi".

In ogni caso, per fortuna, Xabi Alonso si rialzò e la partita riprese. E il primo tempo tra Spagna e Olanda finì 0-0.

Nel secondo tempo la situazione non cambiò. Finché al 63' Arjen Robben fu raggiunto da un lancio preciso nella metà campo avversaria. Arjen era un formidabile attaccante mancino, capace di correre con il pallone incollato al piede sinistro alla velocità della luce. Si impossessò della palla e, a cinquanta metri dalla porta spagnola, alzò la testa: non c'era nessuno tra lui e il portiere avversario, Iker Casillas. Quindi mise il turbo, e lo puntò. Arrivò più o meno all'altezza del dischetto del calcio di rigore e preparò il tiro verso la sinistra del portiere. Solo che era una finta! All'ultimo istante scelse l'altro angolo, ma ormai Iker si era tuffato nella direzione sbagliata. Fu questione di attimi.

Iker andava da una parte, e il pallone dall'altra, quando… ecco la punta di un piede.

Andrés strabuzzò gli occhi: Iker aveva tutto il resto del corpo sbilanciato dalla parte opposta al pallone, tranne quel piede. E bastò. Infatti riuscì a deviare il tiro di Arjen, facendolo finire a fondo campo.

Molte mani rimasero a mezz'aria e Arjen ricacciò indietro l'urlo già pronto per un gol che pensava certo e che invece non c'era stato!

Il pallone era uscito.

Ancora 0-0.

Si arrivò così ai tempi supplementari. La situazione apparve da subito sbilanciata: gli spagnoli sembravano più freschi, più brillanti, mentre gli olandesi facevano fatica a trovare le energie. Ed era tempo di chiudere lo scontro.

Il centrocampista Cesc Fàbregas pescò Andrés nel cuore dell'area di rigore e lo servì. Iniesta stoppò il pallone. Finalmente un'occasione. Lo fece rimbalzare per terra, e calciò con tutta la forza che aveva ancora in corpo... Gol!

Il boato dei tifosi spagnoli fu assordante. Tutti i giocatori della Spagna lo inseguirono per abbracciarlo.

Ma Andrés aveva altro per la testa. Continuando a correre per il campo, si sfilò la maglia, svelando la t-shirt bianca che indossava sotto (ve l'avevo detto, bastava un po' di pazienza!). Mentre il principe di Spagna Felipe festeggiava in tribuna con la moglie al suo fianco, mentre i tifosi spagnoli presenti in Sudafrica e quelli rimasti in patria esultavano, la t-shirt di Andrés fu inquadrata dalle televisioni di tutto il mondo assieme al suo volto, esultante e stanco. Sulla maglia c'era scritto: "Dani Jarque, siempre con nosotros" ("Dani Jarque, sempre con noi").

Dani Jarque era stato compagno di Andrés fin dalle nazionali giovanili. Ma soprattutto era un suo grande amico. Purtroppo, all'inizio della stagione sportiva un improvviso attacco di cuore lo aveva portato via. Per Andrés, però, Dani non se ne era andato: era lì anche lui, a festeggiare il primo Mondiale della storia del calcio spagnolo. E voleva che tutto il mondo lo sapesse.

Quel semplice gesto inumidì tanti occhi, allo stadio, in campo, e attraverso gli schermi.

Ancora di più perché Dani giocava nell'Espanyol, il club rivale del Barcellona, la squadra di Andrés. Eppure, proprio in Sudafrica, quel Paese che aveva superato a fatica grandi divisioni, il messaggio di Andrés arrivò forte e chiaro: lo sport non divide, unisce.

24

L'UNIONE FA LA FORZA

11 LUGLIO 2018

CROAZIA vs. INGHILTERRA

Harry Kane scese dal pullman e passò di fianco allo stemma con i tre leoni, stampato in formato gigante su entrambe le fiancate. Si fermò a fissarlo, mentre i compagni raggiungevano gli spogliatoi dello Stadio Lužniki di Mosca.

Harry conosceva il significato di quell'immagine fin da piccolo: già all'inizio del secondo millennio, gli inglesi portavano in battaglia uno stendardo raffigurante tre leoni, simbolo di fierezza e di forza. Oltre che dell'orgoglio di essere inglesi. Per questo, tre leoni erano stati cuciti sulle maglie della nazionale sin dalla primissima partita, quella contro la Scozia nel lontano 1872.

Harry sentì gli occhi bagnarsi per la commozione, così distolse lo sguardo. Notò che gli uomini del servizio di sicurezza si stavano dando di gomito l'uno con l'altro bisbigliando: «Guarda, è arrivato il centravanti del Tottenham!».

Era proprio a lui che si riferivano. Harry sorrise. Ci era riuscito: era diventato un calciatore professionista, era stato convocato nella nazionale inglese, e ora giocava pure un Mondiale. Per di più da capocannoniere del torneo per la sua Inghilterra!

Harry entrò nello stadio e raggiunse gli spogliatoi, inquadrato dalle telecamere. Era l'11 luglio 2018 e la seconda semifinale di Coppa del Mondo stava per cominciare.

D'improvviso si sentì chiamare e si voltò. «Luka!»

Luka Modrić era un giocatore della nazionale croata e, per Harry, quasi un fratello maggiore. Quando Harry era un ragazzo e giocava nel settore giovanile del Tottenham, Luka era già una stella della prima squadra, contesa tra i più grandi club del mondo. E infatti Harry era ancora un ragazzino quando, nel 2012, Luka si trasferì al Real Madrid. Harry all'epoca aveva giocato con Luka soltanto una partita in Premier League, e nemmeno tutta, eppure Luka andò ad abbracciare anche lui, prima di partire per la Spagna, e salutandolo gli diede appuntamento in campo:

perché Luka lo aveva già capito, che Harry sarebbe diventato un attaccante formidabile!

E ora, dopo sei anni, stavano per affrontarsi, con le maglie di Inghilterra e Croazia: la squadra vincente avrebbe affrontato in finale la Francia, che il giorno prima, nell'altra semifinale, aveva sconfitto il Belgio 1-0.

Harry prese un lungo respiro. Era il momento di raggiungere i compagni e giocare uniti.

Appena due anni prima – il 23 giugno 2016, per la precisione – Harry e tutti i cittadini del Regno Unito erano stati chiamati alle urne per un importantissimo referendum: dovevano decidere se preferivano che il loro Paese continuasse a far parte dell'Unione Europea o se invece volevano che ne uscisse.

La sfida tra le due posizioni era rimasta apertissima fino all'ultimo: alla vigilia del voto, nessun sondaggio era stato in grado di fare previsioni certe. C'era però una cosa su cui erano tutti d'accordo: se avesse vinto il partito della Brexit (parola che è la "crasi", ovvero la fusione, tra "Britain" ed "Exit"), cioè quello che voleva l'uscita dall'Europa, la vita di un intero continente sarebbe stata stravolta.

Perché, anche se quel referendum era di tipo consultivo – ovvero serviva a raccogliere il parere dei cittadini, ma non obbligava il governo inglese ad attuare il risultato – era chiaro che sarebbe stato difficile ignorare il volere della popolazione.

Il risultato alla fine mostrò un Regno Unito diviso quasi a metà. Già, quasi.

Perché in realtà una maggioranza c'era, ed era quella favorevole alla Brexit: il 51,9%, contro il 48,1% dei contrari.

E questa netta divisione non riguardava solo l'intero Paese, ma anche i singoli Stati che compongono il Regno Unito, a loro volta tutti spaccati a metà: in Galles (con il 52,53%) e in Inghilterra (con il 53,38%) aveva vinto la Brexit, ma in Irlanda del Nord (con il 55,78%) e Scozia (con il 62%) aveva vinto chi voleva restare!

E la divergenza di opinioni sembrava opporre anche due generazioni: avevano votato per rimanere in Europa molti giovani – cosmopoliti, abituati a viaggiare e a vivere senza frontiere –, mentre per uscire soprattutto gli anziani, ancorati al mondo di una volta, o forse a ciò che ne ricordavano.

Insomma: il Regno Unito non era più così tanto unito. E nemmeno l'Inghilterra.

Ma questo, per fortuna, non valeva nel calcio. Infatti, anche quell'11 luglio 2018, la nazionale inglese scese in campo compatta e pronta alla sfida, indubbiamente particolare.

Da un lato c'era un Paese del Regno Unito, uno degli Stati che più aveva trainato l'Europa in secoli e secoli di storia, e ora preferiva separarsi dal resto del continente. Dall'altro, la Croazia, un Paese piccolo, nuovo e che in molti avrebbero faticato a individuare sulle cartine, ma che da cinque anni era diventato il trentottesimo Stato membro dell'Unione Europea.

I favoriti restavano comunque gli inglesi. Soprattutto per via di Harry, ormai soprannominato "Hurricane", cioè uragano, perché quando era in forma diventava veramente inarrestabile!

La partita cominciò, e dopo pochi minuti fu proprio Luka a stendere al limite dell'area il centrocampista inglese Dele Alli. La punizione fu calciata da Kieran Trippier, terzino dal tiro precisissimo, che non si smentì. A nulla servirono i salti dei giocatori della barriera croata: il pallone passò poco sopra le loro teste e si diresse verso la porta. Il portiere Danijel Subašić tentò disperatamente di respingere il tiro, ma la palla finì in rete.

Al quinto minuto l'Inghilterra era già in vantaggio: 1-0.

E la Croazia rischiò ancora quando, alla mezzora del primo tempo, a Harry arrivò un assist all'interno dell'area avversaria. Era completamente solo. Ebbe il tempo di stoppare la palla, portarsela sul piede migliore, cioè il destro, e calciare verso la porta.

Se a Harry aveste fatto provare lo stesso tiro cento volte, in novantanove occasioni avrebbe fatto gol. Ma purtroppo per l'Inghilterra, quella volta fu la centesima: Danijel parò il tiro.

Il pallone rotolò in campo, Harry lo recuperò, lo controllò nuovamente, se lo riportò una seconda volta sul piede migliore, e calciò ancora. Questa volta era davvero vicinissimo alla porta.

Un rumore sordo.

La sfera colpì il palo, poi la caviglia del portiere, si impennò, e infine rotolò lontano... non era proprio giornata per Harry!

Nel secondo tempo, qualcosa sembrò cambiare. I croati cambiarono.

A metà della ripresa, il terzino destro Šime Vrsaljko crossò un pallone teso dentro l'area e il difensore inglese Kyle Walker, ben appostato, si piegò sulle ginocchia, pronto al colpo di testa per respingere la palla. Ma d'improvviso Kyle sentì qualcosa. Una sorta di sibilo all'orecchio sinistro, come se un treno dell'alta velocità gli fosse sfrecciato di fianco. Ebbene, quel treno aveva un nome e un cognome: Ivan Perišić.

Ivan, all'epoca esterno d'attacco dell'Inter, alzò la gamba sinistra più in alto della testa di Kyle, come fanno i campioni di arti marziali! E con i tacchetti della scarpa frustò il pallone verso la porta.

Kyle, ancora confuso, si voltò giusto in tempo per osservare il pallone che finiva in porta. 1-1.

E quattro minuti dopo, Ivan ci riprovò: entrò di nuovo in area e calciò con lo stesso piede con il quale aveva fatto gol, il sinistro. Il pallone, teso e rasoterra, andò a sbattere contro il palo alla sinistra del portiere.

A quel punto l'arbitro fischiò la fine dei tempi regolamentari: bisognava giocare i supplementari.

E anche lì le emozioni non mancarono. Prima ci fu uno splendido colpo di testa del difensore centrale inglese John Stones, respinto sulla riga di porta dal terzino Šime Vrsaljko a portiere battuto. Poi l'uscita disperata di Pickford, che deviò un tiro ravvicinato di Mario Mandžukić, il gigantesco centravanti della Juventus.

Il risultato era ancora 1-1.

Giunti al secondo tempo supplementare, i giocatori erano esausti. Ma Kyle (sì, ancora lui) sorprese tutti con un pallone a campanile: la palla arrivò altissima, poi precipitò velocemente, spinta dalla forza di gravità verso il basso. Ivan la raggiunse per primo e la servì con un colpo di testa secco al compagno Mario Mandžukić, che la colpì con l'interno del piede sinistro.

Quattro milioni di croati, ovunque si trovassero, si alzarono in piedi con le braccia al cielo e urlarono la loro gioia: gol! 1-2!

Poi l'arbitro fischiò tre volte: la partita era finita.

La Croazia era in finale ai Mondiali, per la prima volta nella sua storia.

Luka corse ad abbracciare i compagni, mentre Harry si lasciava cadere a terra, distrutto.

L'Inghilterra era fuori dai Mondiali. E un anno e mezzo dopo, insieme al resto della Gran Bretagna, si sarebbe trovata ufficialmente fuori dall'Unione Europea. Perché fanno così, il calcio e la storia: si intrecciano, si accavallano, si intersecano, si condizionano. Si cambiano a vicenda.

E se da un lato ci sono tante partite di calcio passate alla storia, dall'altro tanti capitoli della Storia (quella con la S maiuscola) sono stati scritti con l'inchiostro del pallone, in un campo lungo un centinaio di metri, con una porta da una parte e una dall'altra, da ventidue giocatori. Che anche tra guerre e macerie, rivoluzioni e battaglie, periodi bui e grandi cambiamenti, non hanno mai smesso di sfidare il cielo.

FORMAZIONI

1

30 NOVEMBRE 1872
SCOZIA vs. INGHILTERRA

0-0

GARDNER	BARKER
KER	GREENHALGH
TAYLOR	WELCH
THOMSON	CHAPPELL
SMITH J.	BROCKBANK
SMITH R.	CLEGG
LECKIE	KIRKE-SMITH
RHIND	OTTAWAY
MACKINNON	CHENERY
WEIR	MAYNARD
WOTHERSPOON	MORICE

2

8 MAGGIO 1898

INTERNAZIONALE TORINO VS. GENOA

1-2

FORMAZIONE NON DISPONIBILE	BAIRD
	SPENSLEY
	DE GALLEANI
	GHIGLIOTTI
	PASTEUR I
	GHIGLIONE
	LE PELLEY
	BERTOLLO
	DAPPLES
	BOCCIARDO
	LEAVER

MARCATORI:

? BOSIO	? SPENSLEY
	? LEAVER

3

12 OTTOBRE 1902
AUSTRIA vs. UNGHERIA

5-0

NAUSS	BÁDONYI
WACHUDA	BERÁN
EIPELDAUER	GABROVITZ
HÜTTL	KOLTAI
BLÄSSY	POZSONYI
MÖSSMER	BAYER
WIESNER	BUDA
HUBER	STEINER
SCHRAMMEL	POKORNY
STUDNICKA	HAJÓS
TAURER	OLÁH

MARCATORI:

5' TAURER
10' STUDNICKA
45' STUDNICKA
90' STUDNICKA
90' TAURER

4

16 MAGGIO 1915
INTER vs. GENOA

1-3

BINDA	ROLLA
PETERLY	CASANOVA
CEVENINI M.	DE VECCHI
RIZZI	SEDINO
FOSSATI	LEALE
CEVENINI A.	TRAVERSO
ASTI	BERARDO
CEVENINI L.	BERGAMINO
AGRADI	WALSINGHAM
AEBI	SANTAMARIA
BONTADINI	MARIANI

MARCATORI:

8' ?	60' BERARDO
15' AGRADI	75' BERGAMINO

5

SETTEMBRE 1922
REPUBBLICA SOCIALISTA FEDERATIVA SOVIETICA RUSSA VS. FINLANDIA

4-1

FORMAZIONI E MARCATORI NON DISPONIBILI

6

15 MAGGIO 1929
SPAGNA vs. INGHILTERRA

4-3

ZAMORA	HUFTON
QUINCOCES	KEAN
MARCULETA	COOPER
GOIBURU	BLENKINSOP
LAZCANO	PEACOCK
PADRÓN	HILL
PEÑA	BARRY
PRATS	ADCOCK
QUESADA	BRADFORD
RUBIO	CARTER
YURRITA	KAIL

MARCATORI:

35' RUBIO	15' CARTER
39' LAZCANO	20' BRADFORD
79' RUBIO	50' CARTER
82' GOIBURU	

7

14 NOVEMBRE 1934
INGHILTERRA vs. ITALIA

3-2

MOSS	CERESOLI
MALE	MONZEGLIO
HAPGOOD	ALLEMANDI
BRITTON	FERRARIS IV
BARKER	MONTI
COPPING	BERTOLINI
MATTHEWS	GUAITA
BOWDEN	SERANTONI
DRAKE	MEAZZA
BASTIN	FERRARI
BROOK	ORSI

MARCATORI:

8' BROOK	58' MEAZZA
12' BROOK	62' MEAZZA
15' DRAKE	

8

3 APRILE 1938
AUSTRIA vs. GERMANIA

2-0

PLATZER	JAKOB
SESTA	JANES
SCHMAUS	MÜNZENBERG
WAGNER	KUPFER
MOCK	GOLDBRUNNER
SKOUMAL	KITZINGER
HAHNEMANN	LEHNER
STROH	GELLESCH
SINDELAR	BERNDT
BINDER	GAUCHEL
PESSER	FATH

MARCATORI:

62' SINDELAR
71' SESTA

9

16 OTTOBRE 1938
BOLOGNA vs. LAZIO

2-0

FERRARI	BLASON
PAGOTTO	MONZA
RICCI	ALLEMANDI
MONTESANTO	ZACCONI
ANDREOLO	RAMELLA
MARCHESE	MILANO
BIAVATI	BUSANI
SANSONE	RICCARDI
PURICELLI	PIOLA
FEDULLO	VETTRAINO
REGUZZONI	COSTA

MARCATORI:

30' PURICELLI
39' ANDREOLO

10

9 AGOSTO 1942
FC START vs. FLAKELF

5-3

FORMAZIONI E MARCATORI NON DISPONIBILI

11

1 APRILE 1945
JUVENTUS vs. TORINO

3-1

SENTIMENTI IV	BODOIRA
FONI	DI GENNARO
RAVA	FERRINI
DEPETRINI	CASTELLI
PAROLA	ELLENA
CAPACCIOLI	BALDI
SENTIMENTI III	OSSOLA
BOREL F.	LOIK
RACCIS	GABETTO
LUSHTA	MAZZOLA V.
CONTI U.	BARBERO

MARCATORI:

43'	SENTIMENTI III	22' MAZZOLA V.
50'	SENTIMENTI III	
75'	CONTI U.	

12

23 MAGGIO 1948
TRIESTINA vs. TORINO

0-0

STRIULI	BACIGALUPO
BLASON	BALLARIN A.
ZORZIN	TOMÀ
PRESCA	GREZAR
SESSA	RIGAMONTI
RADIO	CASTIGLIANO
ROSSETTI	MENTI
TREVISAN	LOIK
ISPIRO	GABETTO
TOSOLINI	MARTELLI
BERNARD	OSSOLA

13

13 AGOSTO 1948
SVEZIA vs. JUGOSLAVIA

3-1

LINDBERG	LOVRIĆ
NILSSON E.	STANKOVIĆ
ANDERSSON	BROZOVIĆ
NORDAHL K.	ATANACKOVIĆ
ROSENGREN	CAJKOVSKI ZL.
NORDAHL B.	JOVANOVIĆ
ROSÉN	MITIĆ
GREN	BOBEK
NORDAHL N.G.	CAJKOVSKI ŽE.
CARLSSON	CIMERMANČIĆ
LIEDHOLM	VUKAS

MARCATORI:

24' GREN	42' BOBEK
48' NORDAHL N.G.	
67' GREN (RIG.)	

14

20 DICEMBRE 1956
HONVÉD vs. ATHLETIC BILBAO

3-3

HONVÉD	ATHLETIC BILBAO
FARAGÓ	CEDRÚN
DUDÁS	ORUE
RÁKÓCZI	CANITO
KOTÁSZ	MAURI
BOZSIK	MARCAIDA
BÁNYAI	GARAY
PUSKÁS	PIRU GAÍNZA
MACHOS	MERODIO
KOCSIS	MAGUREGUI
CZIBOR	ARTECHE
BUDAI II	ARIETA

MARCATORI:

6' BUDAI	1' MERODIO
78' KOCSIS	67' ARIETA
86' PUSKÁS	72' MERODIO

15

13 GIUGNO 1956

REAL MADRID vs. STADE DE REIMS

4-3

ALONSO	JACQUET
ATIENZA	ZIMNY
MARQUITOS	JONQUET
LESMES	GIRAUDO
MUÑOZ	LEBLOND
ZÁRRAGA	SIATKA
IGLESIAS	HIDALGO
MARSAL	GLOVACKI
DI STEFANO	KOPA
RIAL	TEMPLIN
GENTO	BLIARD

MARCATORI:

14' DI STEFANO	6' LEBLOND
30' RIAL	10' TEMPLIN
67' MARQUITOS	62' HIDALGO
79' RIAL	

16

29 MAGGIO 1968

MANCHESTER UNITED vs. BENFICA

4-1

STEPNEY	HENRIQUE
FOULKES	JACINTO
DUNNE	ADOLFO
BRENNAN	GRAÇA
STILES	COLUNA
SADLER	HUMBERTO FERNANDES
CRERAND	CRUZ
CHARLTON	SIMÕES
KIDD	TORRES
ASTON	JOSÉ AUGUSTO
BEST	EUSÉBIO

MARCATORI:

53' CHARLTON	79' GRAÇA
92' BEST	
94' KIDD	
99' CHARLTON	

17

30 MAGGIO 1973
AJAX vs. JUVENTUS

1-0

STUY	ZOFF
SUURBIER	SALVADORE
MÜHREN	MORINI
KROL	LONGOBUCCO
HULSHOFF	MARCHETTI
BLANKENBURG	FURINO
NEESKENS	CAPELLO
HAAN	CAUSIO (73' CUCCUREDDU)
CRUIJFF	BETTEGA (63' HALLER)
REP	ANASTASI
KEIZER	ALTAFINI

MARCATORI:

5' REP

18

20 MARZO 1977
VERONA vs. JUVENTUS

0-0

VERONA	JUVENTUS
SUPERCHI	ZOFF
BACHLECHNER	SCIREA
NEGRISOLO	GENTILE
LOGOZZO	MORINI
GUIDOLIN	CUCCUREDDU
MADDÈ	TARDELLI
MASCETTI	FURINO
FRANZOT	BENETTI
PETRINI	CAUSIO
FIASCHI	BONINSEGNA
ZIGONI	BETTEGA

19

12 SETTEMBRE 1990
BELGIO vs. GERMANIA EST

0-2

PREUD'HOMME	SCHMIDT (90' ADLER)
DE WOLF	SCHÖSSLER
PLOVIE	PESCHKE
DEMOL (46' ALBERT)	WAGENHAUS
BROECKAERT	SCHWANKE
VERSAVEL (69' BOFFIN)	STÜBNER (26' BÖGER)
CEULEMANS (46' WILMOTS)	WOSZ
VAN DER ELST	SCHOLZ (85' KRACHT)
STAELENS	SAMMER
SCIFO (46' DEGRYSE)	BONAN
VANDENBERGH	RÖSLER

MARCATORI:

73' SAMMER
89' SAMMER

20

13 MAGGIO 1990

DINAMO ZAGABRIA vs. STELLA ROSSA BELGRADO

PARTITA MAI GIOCATA

21

8 LUGLIO 1998
FRANCIA vs. CROAZIA

2-1

BARTHEZ	LADIĆ
THURAM	ŠTIMAC
BLANC	BILIĆ
DESAILLY	ŠIMIĆ
LIZARAZU	JARNI
DESCHAMPS	SOLDO
PETIT	ASANOVIĆ
DJORKAEFF (77' LEBOEUF)	BOBAN (63' MARIC)
KAREMBEU (31' HENRY)	STANIĆ (89' PROSINECKI)
ZIDANE	ŠUKER
GUIVARC'H (68' TREZEGUET)	VLAOVIĆ

MARCATORI:

47' THURAM	46' ŠUKER
70' THURAM	

22

11 SETTEMBRE 2001
ROMA vs. REAL MADRID

1-2

ROMA	REAL MADRID
PELIZZOLI	CASILLAS
ZEBINA	SALGADO
SAMUEL	ROBERTO CARLOS
ZAGO	HIERRO
CAFÚ (82' BALBO)	KARANKA
CANDELA	MCMANAMAN
ASSUNÇÃO (61' CASSANO)	FIGO
EMERSON	GUTI (87' IVAN CAMPO)
MONTELLA (46' LIMA)	CONCEIÇÃO
TOTTI	MAKÉLÉLÉ
BATISTUTA	RAÚL

MARCATORI:

73' TOTTI	50' FIGO
	63' GUTI

23

11 LUGLIO 2010
OLANDA vs. SPAGNA

0-1

OLANDA	SPAGNA
STEKELENBURG	CASILLAS
VAN DER WIEL	PIQUÉ
HEITINGA	PUYOL
MATHIJSEN	SERGIO RAMOS
VAN BRONCKHORST (104' BRAAFHEID)	CAPDEVILA
VAN BOMMEL	BUSQUETS
KUYT (70' ELIA)	PEDRO (59' JESÚS NAVAS)
DE JONG (98' VAN DER VAART)	XAVI HERNANDEZ
VAN PERSIE	XABI ALONSO (86' FABREGAS)
SNEIJDER	INIESTA
ROBBEN	VILLA (105' TORRES)

MARCATORI:

115' INIESTA

24

11 LUGLIO 2018
CROAZIA vs. INGHILTERRA

2-1

SUBAŠIĆ	PICKFORD
VIDA	TRIPPIER
LOVREN	STONES
VRSALJKO	MAGUIRE
STRINIĆ (95' PIVARIĆ)	HENDERSON (97' DIER)
BROZOVIĆ	WALKER (112' VARDY)
MODRIĆ (119' BADELJ)	LINGARD
REBIĆ (101' KRAMARIĆ)	ALLI
RAKITIĆ	YOUNG (91' ROSE)
PERIŠIĆ	STERLING (74' RASHFORD)
MANDŽUKIĆ (115' CORLUKA)	KANE

MARCATORI:

68' PERIŠIĆ	5' TRIPPIER
109' MANDŽUKIĆ	

INDICE

INTRODUZIONE 7

30 NOVEMBRE 1872: SCOZIA VS. INGHILTERRA
UNO SPORT PER TUTTI 11
FORMAZIONI 287

8 MAGGIO 1898: INTERNAZIONALE TORINO VS. GENOA
L'INIZIO DELLA LEGGENDA 23
FORMAZIONI 288

12 OTTOBRE 1902: AUSTRIA VS. UNGHERIA
IL BARONE DEL CALCIO 35
FORMAZIONI 289

16 MAGGIO 1915: INTER VS. GENOA
VENTI DI GUERRA 47
FORMAZIONI 290

SETTEMBRE 1922: REPUBBLICA SOCIALISTA FEDERATIVA
SOVIETICA RUSSA VS. FINLANDIA
I SELVAGGI ROSSI 57
FORMAZIONI 291

15 MAGGIO 1929: SPAGNA VS. INGHILTERRA
TIQUI TACA 69
FORMAZIONI 292

14 NOVEMBRE 1934: INGHILTERRA VS. ITALIA
I LEONI DI HIGHBURY 81
FORMAZIONI 293

3 APRILE 1938: AUSTRIA VS. GERMANIA
IL BALLO DI MATTHIAS 93
FORMAZIONI 294

16 OTTOBRE 1938: BOLOGNA VS. LAZIO
UN EROE ROSSOBLÙ 103
FORMAZIONI 295

9 AGOSTO 1942: FC START VS. FLAKELF
UNA VITA DA PRIGIONIERI 113
FORMAZIONI 296

1 APRILE 1945: JUVENTUS VS. TORINO
PER UN COLPO DI PISTOLA 125
FORMAZIONI 297

23 MAGGIO 1948: TRIESTINA VS. TORINO
MANO NELLA MANO 135
FORMAZIONI 298

13 AGOSTO 1948: SVEZIA VS. JUGOSLAVIA
CON GLI OCCHI DI UNA RAGAZZA 147
FORMAZIONI 299

20 DICEMBRE 1956: HONVÉD VS. ATHLETIC BILBAO
UNA SQUADRA SENZA CASA 159
FORMAZIONI 300

13 GIUGNO 1956: REAL MADRID VS. STADE DE REIMS
CAMPIONI D'EUROPA 171
FORMAZIONI 301

29 MAGGIO 1968: MANCHESTER UNITED VS. BENFICA
IN ONORE DEI BUSBY BABES 181
FORMAZIONI 302

30 MAGGIO 1973: AJAX VS. JUVENTUS
UNA RIVOLUZIONE TOTALE 193
FORMAZIONI 303

20 MARZO 1977: VERONA VS. JUVENTUS
LA BOMBA 203
FORMAZIONI 304

12 SETTEMBRE 1990: BELGIO VS. GERMANIA EST
OLTRE IL MURO 215
FORMAZIONI 305

13 MAGGIO 1990: DINAMO ZAGABRIA VS. STELLA ROSSA BELGRADO
LA PARTITA CHE NON SI GIOCÒ MAI 225
FORMAZIONI 306

8 LUGLIO 1998: FRANCIA VS. CROAZIA
UN CALCIO AL RAZZISMO 235
FORMAZIONI 307

11 SETTEMBRE 2001: ROMA VS. REAL MADRID
IL MONDO È CAMBIATO 249
FORMAZIONI 308

11 LUGLIO 2010: OLANDA VS. SPAGNA
IL SUDAFRICA E QUEL GOL PER DANI 263
FORMAZIONI 309

11 LUGLIO 2018: CROAZIA VS. INGHILTERRA
L'UNIONE FA LA FORZA 275
FORMAZIONI 310

Finito di stampare nel mese di aprile 2020 da
Grafica Veneta S.p.A. - Trebaseleghe (PD)
Printed in Italy